Ortwin Adam, Allgäuer Kochbüchle

ORTWIN ADAM

Allgäuer Kochbüchle

Himmlische Spezialitäten aus dem Voralpenland

FRANZ BRACK VERLAG

Umschlag und Illustrationen:
Heinz Schubert, Kempten
Oberallgäuer Dialekt zu den
einzelnen Kapitelzeichnungen:
StD Hermann Siegel

ISBN 3-928934-92-9

1. Auflage

Inhaltsübersicht

Abkürzungen – Zeichen – Mengen

Die meisten Rezepte sind für 4 Personen, aber viele Mengenangaben sind wiederum aus größeren oder kleineren Haushalten von mir übernommen worden. Damit Sie aber wissen, wieviel Sie nehmen sollen, beachten Sie einfach folgende Grundregeln:
Für „dicke“ (gebundene) Suppen reicht für 4 Personen 1 l „Aufguß“, 50 g Mehl und 50 g Fett (meist Butter).
Bei „Teigwaren“ und „Schmalzgebackenem“ nimmt man 50 g Mehl für Beilagen, 80–100 g Mehl als Hauptspeise, für Nachtisch ca. 50 g Mehl pro Person.
Bei Fleisch nimmt man pro Person ca. 150–200 g ohne Knochen, 250–300 g mit Knochen.
Für Kratzad 80–100 g Mehl als Hauptspeise und 50 g Mehl als Nachtisch.

Abkürzungen:
1 Pr. = 1 Prise, 1 EL = 1 Eßlöffel, 1 TL = 1 Teelöffel, 1 Stk. = 1 Stück, 1 Std. = 1 Stunde, 1 Min. = 1 Minute, 1 dl = 1 Deziliter (= $1/10$ l), 1 Bd. = 1 Bund, 1 l = 1 Liter, 1 Msp. = 1 Messerspitze.

Sehr geehrte Leserinnen und Leser,

die große anerkennende Resonanz auf das Büchlein „Himmlische Spezialitäten aus dem Allgäu“, welches wir anläßlich unseres 325-jährigen Jubiläums herausgaben, veranlaßt uns, eine Neuauflage anzubieten.
Da es sich ausschließlich um Allgäuer Gerichte handelt, haben wir den beziehungsreichen und aussagekräftigen Titel „Allgäuer Kochbüchle“ gewählt. Mit dieser neuen Buchauflage möchten wir unseren Teil dazu beitragen, daß in unseren Küchen regionale Produkte und Lebensmittel in größerem Maße verwendet werden können.
Geselligkeit und Gastfreundschaft sind im Allgäu schon immer großgeschrieben worden. Die Allgäuer Bäuerinnen und Hausfrauen haben verstanden, aus einem bescheidenen Angebot eine reichhaltige und phantasievolle Küche zu machen. So lassen die heimischen

Produkte nicht nur deftige Gerichte zu, sondern ermöglichen auch leichtere und sogar raffinierte Spezialitäten.
Der Verfasser des Buches, Herr Ortwin Adam, ist Küchenmeister und Fachlehrer für gastronomische Berufe und ein profunder Kenner der Allgäuer Küche; er war auch über Jahre Leiter des Schwäbischen Kochseminars für die IHK Augsburg und verfaßte die Fachartikel über die Allgäu-/Schwabenküche im Allgäuer Fremdenverkehrsblatt.
Mit dem Spruch „Essen und Trinken hält Leib und Seele zusammen“ wünschen wir den Gastronomen, Hausfrauen, Hausmännern, allen Hobby-Köchen und nicht zuletzt den Gästen unserer Allgäuer Heimat viel Freude und Spaß bei der Zubereitung der Allgäuer Spezialitäten.

„An Guete“ wünscht Ihnen
Ihr

Hermann Widenmayer

Betrachtungen zur Allgäuer Küche

Es ist noch gar nicht so lange her, daß so mancher selbsternannte „Spitzenkoch" oder Nobelwirt über die einheimische Küche geringschätzig gelächelt hat, so als wollte man sagen: „Na ja, die können auch nicht kochen, deswegen haben sie Kässpatzen, Krautkrapfen und Salverkiechle auf der Speisekarte. Auch so manche junge Hausfrau hielt nicht viel von der Kochkunst ihrer Großmutter, denn sie wollte ja mit der modernen Zeit gehen, und da sollte es schon ein Gericht aus der chinesischen Küche sein oder wenigstens eines aus der Nouvelle cuisine. Die regionale Küche ist eine nostalgische Küche und schon deshalb nicht umzubringen, und schon gar nicht die der Allgäuer. Die Allgäuer lassen das Fremde gelten und gewähren den internationalen Gerichten auch ein gewisses Gastrecht in ihrer Küche, sie haben auch nichts gegen griechische, italienische oder jugoslawische Lokale, aber der Spaß hört da auf, wo die heimischen Gastwirtschaften und Gerichte mit Tomatenketchup, Hormonvögel, Hawaiitoasts mit ihrem Bergkäs usw. versaut werden. Der Allgäuer ist, und das mit Recht, sauer, wenn seine Kost mit landesfremden Zutaten gekocht wird. Wie gesagt, der Allgäuer läßt das Fremde gelten, aber er besinnt sich wieder mehr auf seine Eigenart, in der Sprache und bei der Kost, die original sein müssen. Auch die Gäste legen heutzutage wieder großen Wert darauf, die heimische Kultur in Form von Sprache und Essen zu erleben.

So manche neue Sache kommt und geht wieder, aber was immer bleibt, ist die traditionelle Küche, weil diese ein Stück Heimat bedeutet. Das Ganze ist vergleichbar mit der Mode, so mancher schicke „Fetzen" ist nach einem halben Jahr schon „megaout", aber der Trachtenanzug und das „Dirndl" sind noch immer „in". Die Menschen sind eben traditionsbewußter als man glaubt, und das ist gut so, denn die Altvorderen haben auch gewußt, was „guet und gsond" ist. Wenn da nicht die Ernährungswissenschaftler wären, welche immer wieder versuchen, uns die gute, einfache und gesunde (weil wenig Fleisch und volles Korn) Kost zu vermiesen mit der Begründung, daß Omas Küche ungesund sei. Jeder vernünftige Mensch weiß aber, daß die Maßlosigkeit ungesund ist und nicht die Kässpatzen als solches.

Die Relation Arbeit – Essen muß natürlich auch stimmen. Sicher dürfen wir heute aus Großmutters Kochtopf nicht mehr soviel herauslöffeln wie anno dazumal. Natürlich darf auch nicht mehr so fett und schwer gekocht werden, wie um die Jahrhundertwende, aber ganz auf unsere Heimatküche verzichten hieße, ein Stück Heimat zu verlieren, und einmal Verlorenes kommt selten wieder, wenn doch, dann ist es nicht mehr wie es war. Ärzte und Wissenschaftler haben für unser körperliches Wohlbefinden „zig“ Ratschläge parat (hundert Diäten, Bewegung usw.). Dies mag alles seine Richtigkeit haben, aber was nützt uns ein gesunder Körper mit einer kranken Seele? Das seelische Wohlbefinden muß in Ordnung sein, das heißt man muß die Seele „füttern“, ich meine wir können sicher sechsmal in der Woche etwas für den Körper tun, aber das siebte Mal essen wir Allgäuer Kost, all das, was uns auch schmeckt. Die „Alten“ waren nicht so naiv, wie so mancher annimmt, denn unsere Vorfahren waren es, die da sagten: „Gut Essen und Trinken hält Leib und Seel’ zusammen.“ Dieser Spruch hat auch heute noch Gültigkeit. Ich glaube, daß diese Gründe ausreichen, um vermehrt die Allgäuer Küche wieder aufleben zu lassen.

Zur Nahrung der Allgäuer

Die Geschichte der Allgäuer Nahrung umfassend zu beschreiben würde den Umfang dieses Büchleins sprengen. Deshalb möchte ich mich hauptsächlich auf die Zeit des 18. und 19. und den Anfang des 20. Jahrhunderts beschränken.

Wie schon der verdiente Pfarrer Joseph Schelbert in seinem Buch „Das Landvolk des Allgäus, in seinem Thun und Treiben“ beschreibt, wunderte sich so mancher fremde Besucher des Allgäus, daß die Einheimischen von dieser äußerst einfachen Kost des 18./19. Jh. nur leben, arbeiten, wachsen und auch noch stark sein können. Das alles mit Kraut, Saubohnen, Salat und Kartoffeln. Um 1850 lebte das Allgäuer Volk sehr ärmlich, bescheiden und sparsam. Der Kornanbau brachte nicht das, was man gebraucht hätte, denn die „winterhäftige“ Gegend (zu rauhes und zu kaltes Klima) ließ nichts Besseres zu. Es war auch die Zeit, in der man dem Allgäuer die Kartoffeln aufgezwungen hat. Ohne Not hätte er das mit sich nicht machen lassen. Die Viehzucht war auch nicht der große Wohlstandsgarant, und die Käserei wurde noch relativ wenig betrieben bzw. war erst richtig im Entstehen. Emmentaler und Bergkäse, die sogenannten Laibkäse, gab es in dieser Zeit kaum. Die „Fettkäserei“ wurde erst ab ca. 1850 betrieben, vorher stellte man lediglich „Magerkäse“ her. Da noch keine Industrie, außer Leinwandwebereien, existierte, gab es auch kaum einen Nebenverdienst. Erst ab Mitte des 19. Jh. verbesserte sich die Lage der Allgäuer Wirtschaft und damit auch die Nahrung der Einwohner. Die Speisen wurden reichlicher, mannigfaltiger, vielfältiger und sogar sorgfältiger gekocht. Ursache war, daß die Alp-

wirtschaft und Käsereien verstärkt und vermehrt betrieben wurden.
Die Essenszeiten richteten sich auf dem Lande nach der Jahreszeit, d.h. im Winter nach der Stallarbeit und im Sommer nach der Feldarbeit. Der „Keßlar“ war der erste Untersenn und als solcher für das Kochen zuständig. Auch damals, wie gesagt ab 1850, waren schon die Kässpatzen und die Kratzad des Allgäuers Lieblingsspeisen. Kartoffeln gab es in verschiedenen Zubereitungsarten, aber auch gedörrtes Obst, weiße und gelbe Rüben, Rettige (Rettich) und Salat standen zur Verfügung. Zur „Mahd“ brachte man Kaffee (aus Gerste), Käse, Butter und Zieger (ähnlich dem Topfen). Fleisch wurde wenig gegessen, nur an den 3 höchsten Feiertagen wie Weihnacht – Ostern – Kirchweih gab es dieses. „Fleischtage“ waren auch jene Tage, welche mit Leben oder Tod zu tun hatten wie Geburt – Hochzeit oder Leichenmahl. Ansonsten lebte man von Milchprodukten in Verbindung mit Mehl – Eiern – Kraut – Bohnen und Kartoffeln. Suppen und Mus waren Morgen- und Nachtessen. Die Hauptmahlzeiten bestanden aus Spatzen – Nudeln – Kiechle – Kratzad und Aufläufen. Die wichtigsten Arbeitsgeräte in der Küche waren der Backofen, das Nudelbrett, der Waler (Nudelholz) und der „Dreifuß“ (Spatzenseiher). Als Getränk gab es gutes Quellwasser, Milch, Apfel- oder Birnenmost, auch ein sogenannter „Tronk“ wurde bereitet, dies war ein Wasseraufguß mit Obst und Beeren. Branntwein gab es nur im Sommer und äußerst selten.
Wirtshäuser existierten nur in den „Pfarrdörfern“. Ortschaften ohne Kirche, mit nur 10 bis 40 Häusern, hatten keinen eigenen Wirt. Einfacher gekocht als im Tal wurde natürlich auf den Alpen, allerdings durfte mit Butter nicht gespart werden. Ein Alpbesitzer, der als „Knik-

kar“ bekannt bzw. berüchtigt war, bekam wegen seines Geizes keine Sennen und Melker.
Dies sollte nur ein kleiner Auszug aus der Geschichte der Allgäuer Küche sein, von der auch behauptet wird, daß sie eine „Spatzenküche“ sei wie: Kässpatzen – Mehlspatzen – Brätspatzen – Milchspatzen – Erdäpfelspatzen – geröstete Spatzen – Apfelspatzen – saure Spatzen – Spinatspatzen – Spatzenauflauf – Leberspatzen – nackete Spatzen – Nußspatzen – Butterspatzen. Daß auch diese Behauptung nicht ganz richtig ist, werden Sie bemerken, wenn Sie sich einmal ernsthaft mit der Vielfältigkeit der zeitgemäßen Allgäuer Küche auseinandersetzen. Verwenden sollten Sie nur bodenständige Lebensmittel oder solche, die auch früher schon eingeführt werden mußten. Übertreiben Sie nicht beim Kochen der Allgäuer Gerichte, denn die Allgäuer mögen diese Übertreibungen nicht, d. h. wir sollten die heimische Küche so lassen, wie sie schon immer war, vielleicht etwas leichter gekocht und ein wenig zeitgemäßer zusammengestellt. Sollten Sie in Zukunft mehr Allgäuer Gerichte kochen als bisher, dann ist dies für mich der Lohn meiner Arbeit, die ich mit diesem Büchlein hatte.

Ein gutes Gelingen und „an Guete“ wünscht Ihnen Ihr
Ortwin Adam

D'Suppe
und was nei soll

Der Allgäuer und seine Suppen

Angeblich soll der Allgäuer in der Mitte des 19. Jahrhunderts, laut Aussage von Pfarrer Schelbert, täglich dreimal Spatzen und fünfmal Suppe gegessen haben. Ob dies wirklich so war, läßt sich nicht beweisen, aber anhand alter überlieferter Gesindeordnungen weiß man, daß es am Tag dreimal Suppe gab. Die Morgen- und die Abendsuppe war meist etwas „dünn“ (Brennsuppe, Habermehlsuppe) und wurde deshalb mit Schmalz verbessert. Die Mittagssuppe war da schon etwas besser, aber richtig gut war sie erst, wenn „2 Augen hineinschauten und 100 Augen herausschauten“. Die „dicken“ Suppen mußten heiß und schlotzig sein. Eine „nackete“ Fleischbrühe war dem Allgäuer zu wenig, da mußte schon eine ordentliche „Einlage“ drin sein (Leberknödel, Flädle, Speckknödel, Brätknödel etc.). Der Allgäuer ist sicher kein „Subbaschwob“, aber so etwas Ähnliches wie ein Suppenkaspar ist er schon. Die Suppe ist auf jeden Fall eine Hauptsache, deswegen gilt der Spruch, „daß der Fuchs das ganze Jahr keine habe“, für den Allgäuer nicht. Mit der Suppe legt man den Boden (Magen) für die weitere Mahlzeit, meint die Hausfrau, und daß diese nur drei Suppen kennen würde, ist glatt gelogen. Die Allgäuerin kennt mindestens zwei Dutzend und teilte diese sogar in Alltags-, Festtags-, Kranken- und Kraftsuppen ein.
Alle Allgäuer Suppen als Rezept zu beschreiben würde dieses Büchlein sprengen, deshalb möchte ich die restlichen wichtigen Suppen und ihre Einlagen einfach nur aufzählen, damit Köche und Wirte zur Erstellung eines Allgäuer Menüs eine kleine Übersicht haben.

Weitere „dicke" Suppen wären: Mostsuppe – Milzsuppe – Kartoffelsuppe – Schlettersuppe (Einlaufsuppe) – braune Grießsuppe – Brotsuppe – Milchsuppe – Erbsensuppe – Kriesbersuppe (Kirschensuppe).

Als Allgäuer Einlagen eignen sich: Flädle – Grießknödel – Grießschöberl – Bachene Spatzen – Brätknödel – Brätspätzle – Lungenknödel – Leberknödel – Leberspätzle – Nudeln.

❀ Ein Allgäuer hat kein Herz, aber 2 Mägen. ❀

Biersuppe

Zutaten:

60 g Butter, 60 g Mehl, 1 l helles Bier, 1/4 Zimtstange, Zucker nach Belieben, 3 Eigelb, 1 dl Milch, 1 Semmel (in Würfelchen).

Zubereitung:

Aus Butter und Mehl eine hellbraune Mehlschwitze herstellen, mit dem Bier aufgießen und sofort mit einem Schneebesen glattrühren. Zimt, Zucker und evtl. etwas Zitronenschale beigeben, ca. 15 Min. köcheln lassen. Die Eigelb mit der Milch verquirlen und in die nicht mehr kochende Suppe einrühren. Diese Biersuppe durch ein Sieb seihen und mit trocken gerösteten Semmelwürfelchen servieren.

Warmes Bier

Zutaten:

1/2 l Bier, 1/2 l gekochte Milch, 2 Eigelb, 3 EL Zucker, 2 EL Honig, 1 Msp. Zimtpulver.

Zubereitung:

Alle Zutaten miteinander vermengen und im Schneekessel heiß aufschlagen, bis die Masse schön schaumig wird, aber nicht kochen lassen.

Wenn's Bier niederhocked,
no schtandet de bease Wort üf!

Wasserschnalle

Zutaten:

5 Scheiben altes Bauernbrot kleinwürfelig geschnitten, 1 l Wasser oder Fleischbrühe, 60 g Butterschmalz, 1 feinwürfelig geschnittene Zwiebel, jeweils 1 Pr. Majoran, Kümmel, Thymian, Pfeffer, Salz und 20 g Butter.

Zubereitung:

Die Zwiebel im Butterschmalz anschwitzen, die Brotwürfel dazugeben und ein wenig rösten lassen, danach mit dem Wasser oder der Brühe aufgießen, die Gewürze beigeben, das Ganze ca. 20 Min. köcheln lassen. Zum Schluß die Butter unterrühren.

Holdersuppe mit Zimtbröckle

Zutaten:

1 l frischer Holdersaft, 50 g frische Holderbeeren, 40 g Butter, 40 g Mehl, 1/4 Zimtstange, 5 Gewürznelken, Zitronensaft von 1 Zitrone, etwas Zitronenschale (nur das „Gelbe", denn das „Weiße" ist bitter), Honig und Zucker zum Süßen, 2 cl Holderschnaps, 2 Äpfel (in Würfelchen schneiden).
Für die Zimtbröckle: 2 Scheiben Bauernbrot, 1 EL Butter, 2 EL Zucker, 1/2 TL Zimtpulver.

Zubereitung:

Aus Butter und Mehl eine helle Mehlschwitze herstellen und mit dem Holdersaft auffüllen, das Ganze sofort mit einem Schneebesen glattrühren und zum Kochen bringen. Zimt, Nelken, Zitronensaft, Zitronenschale, Honig, Zucker beigeben und ca. 20 Min. köcheln lassen, danach durch ein Sieb passieren. Die Apfelwürfelchen in Butter kurz anschwitzen, mit dem Holderschnaps ablöschen und mit den Holderbeeren als „Einlage" in die passierte Suppe geben.
Das Bauernbrot in Würfel schneiden, mit Butter und Zucker rösten bis der Zucker karamelisiert. Zum Schluß den Zimt darunterschwenken und nur noch kurze Zeit rösten lassen. Diese „Zimtbröckle" als Garnitur auf die Suppe streuen.

❀ So gut wie ich esse, kann keiner kochen! ❀

Gerstensuppe

Zutaten:

100 g Gerste, 1 Zwiebel (Würfelchen), 1/4 l Wasser zum Einweichen, 2 EL gehackten Liebstöckel, Salz, 150 g Bauchspeck, Muskat, 1 l Wasser oder Fleischbrühe.

Zubereitung:

Die Gerste mit 1/4 l lauwarmen Wasser einweichen (über Nacht). Am nächsten Tag mit 1 l Wasser oder Fleischbrühe und dem „Einweichwasser“ aufkochen, den Speck beigeben und ca. 1 1/2 Std. kochen lassen. Den Speck aus der Suppe nehmen, in kleine Würfelchen schneiden, mit den Zwiebelwürfelchen in Butter anschwitzen und wieder zur Suppe geben. Zum Schluß mit Liebstöckel, Schnittlauch, Salz, Muskat und Pfeffer abschmecken.
Wenn Sie die Gerstensuppe etwas „bunter“ haben wollen, dann kochen Sie einfach Karotten-, Sellerie-, Lauch- und Kartoffelwürfelchen mit. Geben Sie diese erst 1/2 Std. vor Garzeitende dazu.

A verschütts Wasser isch numma guet aufheba

Eiergerstensuppe

Zutaten:

120 g Semmelbrösel, 3 Eier, 70 g Butter, Salz, Muskat, 1 l Rindfleischbrühe.

Zubereitung:

Die Brösel in der Butter anschwitzen, die aufgeschlagenen Eier dazugeben, das Ganze gut durchrühren und mit der Brühe unter ständigem Umrühren aufgießen und zum Aufkochen bringen. Nachwürzen, mit Petersilie bestreuen und servieren.

Jungfra und Oier sott ma it zlang aufhebe!

Käsflädle

Zutaten:

200 g Mehl, 2 Eier, 1/2 l Milch, 50 g feingeriebener Bergkäse, Salz, Muskat, Pfeffer, Butter zum Ausbacken.

Zubereitung:

Mehl mit der Milch glattrühren, danach die Eier und den Käse sowie die Gewürze dazugeben. Den Teig gut glattrühren und davon dünne Flädle ausbacken. Diese Pfannkuchen erkalten lassen und in dünne Streifen schneiden. In heißer Fleischbrühe mit feingeschnittenem Bergschnittlauch servieren.

Käsesuppe

Zutaten:

60 g Butter, 60 g Mehl, 200 g Bergkäse, 1 l Rindfleischbrühe (oder Milch), 1 Eigelb, 1 dl Sahne, Salz, weißer Pfeffer (Mühle), 4 Scheiben Weißbrot.

Zubereitung:

Aus Butter und Mehl eine helle Mehlschwitze herstellen, diese mit der Fleischbrühe aufgießen und sofort mit einem Schneebesen glattrühren. Das Ganze ca. 15 Min. köcheln lassen. Den grob geriebenen Käse unterrühren und solange köcheln lassen, bis sich der Käse gut auflöst. Eigelb mit Sahne verquirlen und unter die Suppe rühren, mit Salz und Pfeffer abschmecken (nicht mehr kochen lassen). Das Weißbrot (auch Schwarzbrot oder Semmeln sind geeignet) in Würfelchen schneiden und in Butter hellbraun rösten. Die Brotwürfel erst kurz vor dem Servieren auf die Suppe streuen.
Wer diese Käsesuppe noch deftiger will, gibt noch Romadur und evtl. etwas Weißlacker dazu.

❀ Die Alte schwätzet gern vom alte Käs! ❀

Brätstrudel

Zutaten für die Brätmasse:

150 g Kalbs- oder Knödelbrät, 50 g Sahne, 1 Ei, 2 EL gehackte Petersilie, jeweils eine Msp. Majoran, Thymian, geriebene Zitronenschale sowie Salz und Muskat.

Für die Flädle:

Aus 150 g Mehl, ¼ l Milch, 2 Eiern, Salz und 1 Pr. Muskat einen glatten Pfannkuchenteig bereiten und daraus dünne Flädle herstellen, diese erkalten lassen.

Zubereitung:

Aus Brät, Sahne, Ei, Petersilie und den Gewürzen eine streichfähige Masse herstellen. Diese Brätmasse ca. 2–3 mm dick auf die Flädle streichen und diese zusammenrollen. Die Brätstrudel in 1–2 cm dicke Scheiben schneiden und in sehr heißer Rindfleischbrühe mit Schnittlauch servieren.

A jeds Häfele find sei Deckele.

Allgäuer Hochzeitssuppe

Im Allgäu ist es Tradition, zu diesem festlichen Anlaß dreierlei Einlagen in eine gute Fleischbrühe zu geben, und dies wären: Brätknödel, Leberknödel, Backspätzle, evtl. auch Flädle.

Brennesselsuppe

Zutaten:

350 g frische Brennesseln, 2 mittelgroße Zwiebeln, 3 EL Butter, 1 Knoblauchzehe, 1 l Rindfleischbrühe, 3 große Kartoffeln (mehlige Sorte), 1 dl Sauerrahm, 2 EL gehackten Liebstöckel, Salz, Pfeffer aus der Mühle.

Zubereitung:

Brennesseln waschen und grob hacken. Gewürfelte Zwiebeln mit zerdrücktem Knoblauch in Butter anschwitzen. Die Brennesseln dazugeben und mit der Brühe auffüllen. Die Kartoffeln schälen, in Scheibchen schneiden und mit der Suppe ca. 30 Min. kochen lassen. Das Ganze im Mixer pürieren, danach durch ein Sieb passieren. Zum Schluß den Sauerrahm untermengen, die Suppe wieder erhitzen, aber nicht mehr kochen lassen, mit Salz und Pfeffer abschmecken. Vor dem Servieren mit gehacktem Liebstöckel bestreuen.

Geschmäcker sind verschiede:
❀ „Katz mag Miis – i mag's it!" ❀

Grünkernsuppe

Zutaten:

100 g Grünkernschrot, 1½ l Gemüsebrühe (siehe falsche Fleischsuppe, S. 26), 30 g Butterschmalz, jeweils eine Kaffeetasse voll gewürfelte Zwiebeln, Karotten, Knollensellerie, Lauch und Kartoffeln. 1 Eigelb mit 1/16 l Sahne verrühren.

Zubereitung:

Das gewürfelte Gemüse, die Zwiebeln und das Schrot im Butterschmalz anschwitzen, mit der Brühe auffüllen und ca. ½ Std. köcheln lassen. Mit gehackter Petersilie, Schnittlauch, Muskat und Pfeffer würzen. Zum Schluß mit dem verrührten Eigelb die Suppe verfeinern und nicht mehr kochen lassen.

Panadelsuppe

Zutaten:

3–4 alte Semmeln, 1 l Rindfleischbrühe, 2 Eier, Muskat, Salz, Pfeffer, Schnittlauch.

Zubereitung:

Die Semmeln in feine Scheiben schneiden und mit der Brühe aufkochen. Das Ganze mit einem groben Schneebesen kräftig durchschlagen, die Eier gut verquirlen und unter die Suppe rühren (nicht mehr kochen lassen). Mit Salz, Pfeffer, Muskat und dem feingeschnittenen Schnittlauch abschmecken.

Falsche Fleischsuppe

Zutaten:

2 l Wasser, 50 g Butter, 1/2 Knollensellerie, 2 Petersilienwurzeln, 1/2 Stange Lauch, 2–3 mittelgr. Karotten, 2 Zwiebeln, 2 Zehen Knoblauch, 2 Lorbeerblätter, Salz, Pfeffer, Muskat.

Zubereitung:

Das Wurzelgemüse waschen und in Würfel oder Scheiben schneiden. Die Zwiebeln und den Knoblauch mit der Schale kleinschneiden. Das Gemüse in Butter leicht anbraten und mit dem Wasser aufgießen, das Ganze ca. 2 Std. leicht köcheln lassen und danach das ausgekochte bzw. ausgelaugte Gemüse abseihen. Diese „falsche" Rindsuppe war ein Ersatz für die echte Fleischsuppe, denn außerhalb der Schlachtzeit (November–Dezember) gab es kaum Rindfleisch. Als Einlage gab man in die Falsche Fleischsuppe: Grießknödel, Nudeln, Knöpfle, Gemüse oder ähnliches.

❀ Hohe Feuerle brennet it lang. ❀

Ohne Fleisch goht's grad aso

Spatze · Nudla · Kratzad · Knödel

Viele Allgäuer Gerichte sind sogenannte „Teigwaren", diese Bezeichnung kommt aus der Industrie, aber die Flädle, Nudeln, Spatzen, Knöpfle und Knödel sind für den Allgäuer Sachen aus Mehl oder Mehlsachen, Teigwaren würde er niemals zu seinen „handgemachten" Dampfnudeln, Küchle oder Maultaschen sagen. Im Allgäu wird schon noch Wert darauf gelegt, daß die Spatzen „händisch" hergestellt bzw. durch den Spatzenseiher, bestenfalls durch den Spatzenhobel gedrückt werden. Spaghetti, Makkaroni, Spiralennudeln, das sind für Allgäuer Teigwaren, und die ißt er nur, wenn er keine Spatzen bekommt, ja selbst die Fertigspätzle tät er noch eher akzeptieren als Teigwaren. Obwohl die Spätzle angeblich vom italienischen Wort „Spezzare" (in dünne Stücke schneiden) bzw. „Spezzatino" (Geschabtes, Geschnetzeltes) abstammen, mag der Allgäuer lieber seine „Mehlsachen".
Über Allgäuer Gerichte ohne Fleisch könnte man ein eigenes Büchlein schreiben, so vielfältig sind diese Gerichte.

„I glaub meiner Leabtag nix meh"
hot der Bue gsait, er hot sehe
Knöpfle mache, aber wie se auf de Tisch
komme sind, sind's Nudle gwea.

Spatzen – Knöpfle (Grundzubereitung)

Zutaten:

500 g Mehl, 4–5 Eier, Salz, Muskat, 1/8–1/4 l Wasser, 1 EL Öl für das Salzwasser.

Zubereitung:

Aus Mehl, Eiern, Wasser, Salz und Muskat einen glatten Teig „schlagen“, bis dieser Blasen wirft. Den Teig 1/4 Std. ruhen lassen. Salzwasser mit wenig Öl aufkochen, den Teig durch den Spatzenhobel (oder Spatzenseiher, auch „Dreifuß“ genannt) ins kochende Salzwasser drücken. Das Ganze einmal aufkochen. Schwimmen die Spatzen an der Oberfläche, dann sind sie fertig und werden mit einem Schaumlöffel aus dem Wasser genommen. Im privaten Haushalt werden die Spatzen direkt aus dem heißen Wasser weiterverarbeitet, im Hotelbetrieb schreckt man diese erst im kalten Wasser ab, bei Bedarf schwenkt man sie wieder in Butter an.
PS – Für Spatzen bzw. Knöpfle sollte der Teig etwas fester gehalten werden. Für Spätzle vom Brett („Schwabenspätzle“) den Teig etwas weicher (mehr Wasser) machen.

Vollkornspatzen

Zubereiten wie die Spatzen im Grundrezept beschrieben sind, aber mit 1/2 Vollkornmehl und 1/2 Weizenmehl.

Apfelspatzen

Äpfel schälen, vierteln, entkernen, in Scheiben schneiden, danach in Butterschmalz braten (breite Pfanne!). Nun die Spatzen dazugeben und mitrösten. Je nach Verwendung werden sie mit oder ohne Zucker serviert. Apfelspatzen passen auch gut als Beilage zu Wild.

Spinatspatzen

Dem Spatzenteig passierten Spinat beigeben. Spatzen, wie im Grundrezept beschrieben, herstellen. Mit geriebenem Emmentaler bestreuen und etwas brauner Butter abschmelzen.

Geröstete Spatzen

Spatzen in Schmalz braten, bis diese eine schöne hellbraune Kruste haben. Ein aufgeschlagenes Ei mit Sauerrahm verrühren und mit den Spatzen in der Pfanne kurz weitergaren lassen. Dazu gibt's grünen Salat.

Krautspatzen

Speck- und Zwiebelwürfelchen in Schmalz anbraten, ausgedrücktes Sauerkraut beigeben und mitrösten, danach die Spatzen mit diesem gerösteten Kraut erwärmen. In einer Schüssel anrichten und mit braunen Zwiebelwürfelchen abschmelzen.

Vollkornspatzen mit Steinpilzen

Aus 200 g Weizenmehl, 300 g Vollkornmehl, 6 Eiern, evtl. etwas Wasser, 1 Pr. Salz stellt man Spatzen her wie im Grundrezept angegeben.

Steinpilze:

600 g geputzte Steinpilze (in Scheiben), 60 g Butter, 1 Zwiebel (Würfel), 1/2 zerdrückte Knoblauchzehe, 2 EL Fleischbrühe, 1 Bd. Zwiebellauch (kleine Ringe), 1/8 l Sahne, Salz, Pfeffer.

Zubereitung:

Zwiebel und Knoblauch in Butter anschwitzen. Die Steinpilze dazugeben, würzen, leicht braten lassen, mit der Bouillon ablöschen, etwas einkochen. Die Sahne und den Zwiebellauch (Schnattern) sowie einige Butterflocken beigeben, das Ganze nochmals 1–2 Min. köcheln lassen. Spatzen und Steinpilze getrennt anrichten und heiß servieren.

Spatzenphilosophisch gefragt:
„Mache mer Spatze oder fresse mer
de Teig so?“

Nudeln (Nudelteig – Grundzubereitung)

Zutaten:

500 g Mehl, 2–3 Eier, ⅛ l Wasser, Salz, 1 EL Öl, 1 TL Essig.

Zubereitung:

Alle Zutaten zu einem kompakten glatten Teig verarbeiten. Dies geschieht am besten auf einem bemehlten Nudelbrett. Den Teig in 3–4 Laibchen teilen und zugedeckt ½ Std. ruhen lassen. Auf bemehltem Brett dünne Fladen ausrollen, etwas trocknen lassen, in beliebig breite Streifen schneiden, wieder etwas trocknen lassen. Je nach „Breite“ oder „Dicke“ der Nudeln werden diese ca. 6–10 Min. im Salzwasser (1 EL Öl dazugeben) gekocht, danach die Nudeln kurz in kaltem Wasser abschrecken.
Die mengenmäßige Eizugabe ist entscheidend für die Konsistenz der Nudeln, d. h. viele Eier im Teig ergeben festere Nudeln, wenig Eier bedeuten einen weicheren Nudelteig. Für Schupfnudeln, Schleifernudeln oder Krautkrapfen sollte man weniger Eier nehmen, dafür etwas mehr Wasser dazugeben, ansonsten werden diese Nudeln zu fest.

Dös goht grad wie gnudlet, hot's Weible gsait,
„bloß it so drecket“.

Bröselnudeln

Nudeln wie im Grundrezept herstellen. Butter zerlaufen lassen, darin Semmelbrösel rösten, die Nudeln dazugeben und anschwitzen. Nach dem Anrichten mit „Bröselbutter“ abschmelzen und mit grünem Salat servieren. Bröselnudeln passen auch als Beilage zu Fleischgerichten mit Soße (Wildgerichte oder „Böfflamott“).

Krautnudeln

Hausgemachte Nudeln in Butter anschwenken, mit Salz, Muskat und Pfeffer würzen. Mit gekochtem Sauerkraut vermengen, in einer Schüssel anrichten und mit viel gebräunten Zwiebeln abschmelzen. Zum Schluß Schnittlauch darüber streuen und mit grünem Salat servieren.

Kaltsaure Nudeln

Zutaten: Hausgemachte Nudeln (siehe Grundrezept), eine Salatmarinade aus Weinessig, Öl, Salz, Pfeffer, Zwiebelwürfelchen, Petersilie, Schnittlauch herstellen. Die gekochten Nudeln mit dieser Marinade anmachen, darin ziehen lassen. Wenn dieser Nudelsalat etwas bunter sein soll, dann mischen Sie einfach einige Tomaten- und Gurkenstreifen darunter.

Mit am andre seim Fidle
❀ isch guet über d’heiße Kohle rutsche. ❀

Roggenschupfnudeln

Zutaten:

200 g Roggenmehl, 200 g Weizenmehl, 4 Eier, Salz, 2–3 EL Wasser.

Zubereitung:

Aus den Zutaten einen glatten Teig kneten, in 2–3 Laibchen teilen und diese zugedeckt ½ Std. ruhen lassen. Die einzelnen Laibchen zu 3–4 cm dicken Rollen formen, davon Stückchen abschneiden. Die Teigstückchen zu „fingerdicken" Nudeln schupfen, welche ca. 1 cm dick und an beiden Enden spitz sind. In Salzwasser ca. 10 Min. kochen, danach wieder abschrecken und auf einem Sieb gut abtropfen lassen. Diese Schupfnudeln in Butterschmalz hellbraun braten und mit Sauerkraut oder als Beilage zu „Soßengerichten" servieren.

Schupfnudeln

Werden wie die Roggenschupfnudeln hergestellt, aber nur mit Weizenmehl, auch gekochte, gepreßte Kartoffeln können als Lockerung unter den Teig gemischt werden. Wer gerne weiche Schupfnudeln mag, gibt weniger oder gar keine Eier unter den Teig, dafür mehr Wasser.

Erdäpfelschupfnudeln

Sind im Kapitel „Erdäpfl" beschrieben.

Spinatnudeln

Unter das Nudelteig-Grundrezept etwas passierten Spinat untermengen und weiterverarbeiten wie im Grundrezept angegeben. Auch mit passierten Brennesseln oder Mangold wäre dies möglich.

Vollkornnudeln

Zubereiten wie die Nudeln im Grundrezept angegeben sind, aber mit ½ Vollkornmehl und ½ Weizenmehl.

Krautbaunzen

Zutaten:

400 g rohes Sauerkraut, 300 g Mehl, Salz, Pfeffermühle, Schmalz zum Braten.

Zubereitung:

Das Sauerkraut einige Male durchschneiden bzw. hakken. Nun die ganzen Zutaten zu einem Teig verkneten und diesen ½ Std. ruhen lassen. Aus dem Teig kleine Stücke schneiden, so daß man ca. 1 cm dicke und 5 cm lange „Fingernudeln" herstellen kann. Diese Nudeln werden in Salzwasser 10–15 Min. gekocht, aus dem Wasser genommen und auf ein Sieb zum Abtropfen gegeben. Die Baunzen in Butterschmalz (breite Pfanne) hellbraun braten.

D' Schönheit vergoht,
d' Lieb vergißt ma,
jetz, was frißt ma?

Krautfüchs

Diese stellt man wie die Baunzen her, aber zur Teigbereitung wird gekochtes, ausgedrücktes Sauerkraut verwendet.
Gibt man dem Teig der Baunzen Kümmel bei, dann heißen diese **„Haarnudeln“.**

Gwalete Küchle

Aus sauer gewordenem Süßrahm und 300 g Mehl, 1 TL Zucker, 1 Pr. Salz knetet man einen Teig und läßt diesen ¼ Std. ruhen. Auf einem gemehlten Brett wird der Teig dünn (3 mm) ausgerollt, danach in kleinere Dreiecke geschnitten oder „gerädelt“. In Schmalz schwimmend ausbacken.

I tät ja Küchle backen, wenn i a Schmalz hätt,
❀ aber i hab kein Mehl“, sagte die arme Bäuerin. ❀

Nußnudeln

Zutaten:

100 g Butter, 2 EL Semmelbrösel, 5 EL geriebene Haselnüsse, Nudeln von 1/2 kg Mehl (siehe Grundrezept).

Zubereitung:

Butter in der Pfanne zerlaufen lassen, Brösel und Nüsse beigeben. Das Ganze kurz rösten, die Nudeln dazugeben und alles miteinander gut vermengen. Anrichten und mit Zimtzucker bestreuen. Dazu gibt's Kaffee. Diese Art von „süßen" Nudeln kann man auch mit geriebenem Mohn herstellen.

Wurstnudeln

Nudeln werden, wie im Grundrezept angegeben, hergestellt. – Getrocknete oder geräucherte Wurst schneidet man in feine Scheibchen und brät diese mit feingewürfelten Zwiebeln in Butter an. – Nun werden die gekochten Nudeln dazugegeben und erhitzt. – Mit Salz, Pfeffer und Muskat würzen. – Dazu gibt es grünen Salat.

Fleisch
hot's bloß all heilig
Däg gäbe

Fleisch war nicht das typische Essen im Allgäu, bestenfalls gab es dies sonntags, feiertags und nicht öfter als 1–2mal die Woche. Selbst am Anfang dieses Jahrhunderts, wo die Zeiten schon besser waren, hatten nur die Reichen jeden Tag „Gsottenes" und „Gebratenes". Der Allgäuer Braten ist ein Sonntagsbraten bzw. ein Festtagsbraten, auf jeden Fall etwas Außergewöhnliches. Wild war den armen Bauern nicht erlaubt (Wildbann). Innereien gab es öfter, da diese billiger waren. Gerne aß der Allgäuer das Voressen oder ein eingemachtes Kalbfleisch. Saure Nieren und das „Böfflamott" durfte natürlich auch nicht fehlen.

Besser a Laus auf'm Kraut
wie überhaupt kein Fleisch.

Gefüllte Kalbsbrust Widenmayer-Art

Zutaten:

1,5 kg Kalbsbrust, 2 rohe feine Bratwürste, 200 g Hackfleisch, 3 Semmeln, 1 Ei, 2 Zwiebeln (Würfel), 1 Bd. Petersilie gehackt, Salz, Pfeffer, Butterflocken, 1/4 l Bier, 1 TL Majoran.

Zubereitung:

Die Bratwurstmasse, das Hackfleisch, die eingeweichten und wieder ausgedrückten Semmeln, die gehackte Petersilie, Majoran und das Ei miteinander vermengen. In die Kalbsbrust eine Tasche schneiden (macht auch der Metzger), die Füllung hineingeben und die Öffnung mit einem Bindfaden zunähen. Die gefüllte Brust auch außen würzen, danach in einen gewässerten Römertopf geben, Butterflocken dazu, das Ganze in den Ofen (200 °C) und ca. 2½–3 Std. braten. Zwischenzeitlich immer wieder mit Bier ablöschen. Dazu paßt Kartoffelsalat.

Das Engelbräu-Bier ist blond
wie die Heldin einer Sage,
leicht wie das Gewissen eines Politikers,
glänzend wie Versprechungen
unserer Finanzminister
und schäumend wie deren Reden.

Eingemachtes Kalbfleisch

Zutaten:

1 kg Kalbsschulter, einige Kalbsknochen klein gehackt, Fett zum Anbraten, 1 Zwiebel, 1 Petersilwurzel, 2 EL Mehl, 1 l Fleischbrühe, 2 Nelken, 2 Lorbeerblätter, 1/8 l Weißwein, 1/8 l Süßrahm, Salz.

Zubereitung:

Das Fleisch in 2–3 große Stücke schneiden und mit den Knochen in einem breiten Topf leicht anschwitzen bzw. anbraten (nicht braun werden lassen!), wieder aus dem Topf nehmen. Im selben Gefäß die Butter zerlaufen lassen, das Wurzelgemüse (Zwiebel und Petersilwurzel) und das Mehl anschwitzen, mit der kalten Brühe auffüllen und glattrühren. Die Soße aufkochen, Lorbeer, Nelken, Salz und Weißwein dazugeben. Das Fleisch in dieser Soße ca. 1½ Std. garen. Ist das Fleisch weich, wird es aus dem Topf genommen und in Scheiben geschnitten. Die Soße mit Süßrahm verfeinern, passieren und über das Kalbfleisch geben. Dazu gibt man Erdäpfllaible und grünen Salat.
PS – Wer weiß heute eigentlich noch, daß dieses Gericht das „Ur-Frikassee“ ist?

Die Küche macht das Haus,
und nicht die Tapete.

Probstrieder Schweinsbraten

Zutaten:

1 kg Schweineschulter, 2 Zwiebeln, 1 Knoblauchzehe, 1 Karotte, Schweineschmalz zum Anbraten, 1 l Bier, 500 g rohe Kartoffeln (grobe Würfel), 5 Äpfel (geschält, entkernt, in Schnitzform), Salz, Pfeffer.

Zubereitung:

Das Fleisch würzen und anbraten, bei ca. 180–200 °C im Ofen weiterbraten; wenn es halbfertig ist, schneidet man es in 1–2 cm dicke Scheiben und schiebt es mit den Kartoffeln, Äpfeln, Zwiebeln und dem Knoblauch wieder in den Ofen. Öfter mal mit Bier übergießen und schmoren bis das Fleisch weich ist. Am besten in einem Tongeschirr (Römertopf?) servieren.

Blut- und Leberwurstgröstl

Zutaten:

4 Leberwürste, 4 Blutwürste, 8 geschälte Pellkartoffeln, 1 Zwiebel (in Würfeln), Salz, Pfeffer, Kümmel, Majoran, 4 EL Schmalz.

Zubereitung:

Blut- und Leberwürste abziehen und „zerbröckeln". Die Zwiebelwürfel im Schmalz leicht anbraten und die zerkleinerten Würste mitbraten. Die Kartoffeln grob reiben und dazugeben. Das Ganze gut rösten und mit den Gewürzen abschmecken. Dazu paßt Kopfsalat oder Sauerkraut.

Surbraten

Zutaten:

1,2 kg Schweineschulter, 2 Zwiebeln (Würfel), 2 Lorbeerblätter, 5 Wacholderbeeren, 10 Pfefferkörner, 1 TL Koriander, 2 Knoblauchzehen, Schweineschmalz.
Für die Sur: 1½ l Wasser, 3 EL Salz, miteinander aufkochen und erkalten lassen.

Zubereitung:

Das Fleisch mit den zerdrückten Knoblauchzehen, Wacholderbeeren, Koriander und den Zwiebeln einreiben, in ein Gefäß geben, mit der Sur übergießen. Das Ganze mit einem Brett und einem Stein beschweren, 3–4 Wochen an einen kühlen Ort stellen, zwischendurch das Fleisch immer wieder mal wenden. Nach dieser Zeit nimmt man die Schweineschulter aus der Sur, wäscht das Salzige mit kaltem Wasser ab und brät das Fleisch in Schweineschmalz an, schiebt das Ganze bei 180–200 °C in den Ofen und läßt es ca. 1½–2 Std. langsam braten. ½ Std. vor Garzeitende gibt man etwas Wurzelgemüse (Zwiebeln, Karotten, Sellerie, Lauch) dazu, entnimmt das Fleisch, röstet das Gemüse etwas weiter und zieht davon die Soße.

Ma moint oft von oim
er sei fett, und derweil isch er bloß gschwolle.

Böfflamott (Sauerfleisch)

800 g Rinderschulter (Schaufelstück), 50 g Mehl, 60 g Butter, 1 Zwiebel (feinwürfelig), 1 Knoblauchzehe (fein zerdrückt).

Für die Beize:

1½ l Wasser, ⅛ l Essig, 1 Zwiebel, 1 Karotte, 1 Petersilwurzel, ¼ Stange Lauch, 5 Nelken, 2 Lorbeerblätter, etwas Zitronenschale, 1 TL Pfefferkörner, 1 Pr. Zucker.

Zubereitung:

Die Zutaten für die Beize miteinander aufkochen, das Fleisch in die kalte Beize einlegen (4–5 Tage). Nach dieser „Reifezeit" wird das Fleisch in dieser Beize gekocht, bis es weich ist, und dies dauert ca. 2 Stunden. Den Sud passieren. Nun aus dem Mehl und der Butter eine braune Mehlschwitze herstellen, zum Schluß die Zwiebeln und den Knoblauch mitschwitzen lassen. Das Ganze mit 1 l dieser passierten Brühe auffüllen und sofort glattrühren, noch 5 Min. köcheln lassen. Die Soße süß-säuerlich mit Zucker und Zitronensaft abschmekken. Das Fleisch in Scheiben schneiden und in der Soße noch etwas ziehen lassen.
Dazu passen Geigenknödel, aber auch „Wickelknödel" (Serviettenknödel aus Semmelteig) sowie Kartoffelknödel.
PS – Das Böfflamott, auch Bifflamott genannt, brachten die Franzosen nach Bayern bzw. auch ins Allgäu. Die napoleonischen Soldaten bereiteten ihr „Bœuf à la mode" allerdings raffinierter zu, d. h. sie verwendeten eine Rotweinbeize, haben das Fleisch angebraten und das Ganze auch mit Cognac abgeschmeckt. Das All-

gäuer Böfflamott bzw. das heute bekannte Rezept ist wohl aus den bescheidenen Lebensumständen der damaligen Zeit entstanden. Das Fleisch wurde nämlich aus Konservierungsgründen eingebeizt.

Allgäuer Bauernbraten

Zutaten:

1 kg Schweinehals, Liebstöckel, Salz, Pfeffer, 2 zerdrückte Knoblauchzehen, 1/8 l Bier, 1 kg Kartoffeln (grobe Würfel), 800 g Karotten (geschält und in ca. 2-cm-Stücke geschnitten), 1 Stange Lauch (grobe Ringe), 2 Zwiebeln (in Würfeln).

Zubereitung:

Das Fleisch mit Salz, Pfeffer und Knoblauch einreiben, in einer Bratreine („Kar“) anbraten und im Ofen ca. 1½ Std. garen, hin und wieder mit Bier ablöschen, danach die Kartoffeln, Karotten und Zwiebeln beigeben, weiterschmoren lassen. Die letzte ¼ Std. den Lauch dazugeben. Zum Schluß nochmals mit Bier ablöschen und im Römertopf servieren.

„I ka au it an jeden Dreck denke“,
hot's Weib zum Ma gsait,
wie se's Mittageasse vergeasse hot.

Sarazener

Zutaten:

500 g Reh- oder Hirschleber, 2 kleingeschnittene Zwiebeln, 40 g Mehl, 60 g Butterschmalz, 1 l Fleischbrühe, 1 EL Essig, Majoran, Rosmarin, Thymian, Salz, Pfeffer, fertige Spatzen.

Zubereitung:

Zwiebeln im Schmalz anschwitzen (breite Pfanne), die in Würfel geschnittene Leber dazugeben und mitrösten. Das Ganze mit dem Mehl bestäuben, gut vermischen und mit der Brühe aufgießen. Die Gewürze beigeben, nochmals gut durchkochen lassen. Zum Schluß werden die Spatzen (Knöpfle) daruntergemischt. Dieses Gericht serviert man am besten in einer schönen Tonschüssel.

Katzengschrei

Zutaten:

400 g gekochtes Rindfleisch in feine Scheibchen oder Würfelchen geschnitten, 2 feingewürfelte Zwiebeln, 6 Eier, 2 EL Butterschmalz, Salz, Pfeffer.

Zubereitung:

Die Zwiebeln im Schmalz hellbraun anrösten, das Fleisch dazugeben und mitrösten. Das Ganze mit Salz und Pfeffer würzen, danach die verquirlten Eier beigeben und fertigstellen. Dazu reicht man frisches Preiselbeerkompott oder grünen Salat.

Gekochtes Suppenfleisch

Zutaten:

1,5 kg Brustkern oder das Bürgermeisterstück (Tafelspitz) oder von der Rinderschulter das Schaufelstück. 2½–3 l Wasser, Salz, Wurzelgemüse aus: 1 Zwiebel (mit Schale halbiert und angebraten), 1 Petersilwurzel, ¼ Sellerieknolle, ½ Stange Lauch, 2 kl. Karotten, 2 Lorbeerblätter, 10 Pfefferkörner.

Zubereitung:

Wasser mit Salz aufkochen, das Fleisch dazugeben und ca. 2 Std. sieden lassen, zwischenzeitlich immer wieder abschäumen. Die letzte ¾ Stunde das geputzte, gewaschene Gemüse beigeben sowie die angebratene Zwiebel. Das Suppenfleisch in Scheiben schneiden und mit grobem Salz und gehackter Blattpetersilie servieren. Dazu paßt Rahmspinat (oder Mangold, aber auch Brennesselspinat), Bratkartoffeln und frisch geriebener Meerrettich.

Wo alles richtig ist,
❀ ist da alles richtig? ❀

Allgäuer Kesselfleisch

Zutaten:

1 kg Schweinefleisch (Haxe, Bauch, Rippe), zerkleinertes Wurzelgemüse (Zwiebeln, Karotten, Sellerie, Lauch, Petersilwurzel), 2 Lorbeerblätter, Wacholderbeeren, 1 TL Koriander, 10 Pfefferkörner, 5 Gewürznelken, Salz, 1 Pr. Zucker, 2 EL Essig.

Zubereitung:

Das Fleisch mit all den Zutaten in einem schmalen, hohen Topf kochen (braucht weniger Flüssigkeit, Sud schmeckt besser!). In ca. 2½ Std. ist das Fleisch weich und wird mit all den Zutaten serviert. Dazu passen auch saure Rädle.

Voressen

Zutaten:

600 g Kutteln (gekocht und in Streifen geschnitten), 60 g Mehl, 80 g Griebenschmalz, 1 Zwiebel (Würfel), 1 l Fleischbrühe, 1 EL Rosinen, 2 Lorbeerblätter, 1 Tasse Essiggurkenfond, 1 EL Essig, 1 Pr. Zucker, 1 Pr. Salz.

Zubereitung:

Griebenschmalz zerlaufen lassen, Zwiebeln anschwitzen, Mehl beigeben, das Ganze rösten bis es braun ist, mit der Brühe auffüllen und sofort glattrühren. Gewürze und Rosinen beigeben, die Soße ca. 10 Min. köcheln lassen, mit dem Essig und der Essiggurkenbrühe abschmecken. Die geschnittenen Kutteln dazugeben, nochmals ein paar Min. köcheln lassen. Dazu passen Semmelknödel.
PS – Dieses Gericht essen die Allgäuer Männer nach dem Kirchgang am Sonntag oder Feiertag beim „Frühschoppen", d. h. *vor* dem Mittagessen zu Hause, daher der Name „Voressen".

Leber, Lunge,
Herz und Zunge,
Bries und Hirn,
Milz und Nier'n,
Kutteln und Magen
hat noch jeder gut vertragen.

Saure Lunge

Zutaten:

400 g Kalbslunge, 200 g Kalbsherz, 3 Zwiebeln, 5 Essiggurken, 1 Knoblauchzehe, 2 Lorbeerblätter, 4 Nelken, 60 g Mehl, 70 g Schweineschmalz, 1 l Fleischbrühe, 1 Tasse Essiggurkenfond, 1 EL Essig, Salz.

Zubereitung:

Lunge und Herz ein paar Stunden wässern, danach mit einer gespickten Zwiebel (Lorbeer, Nelke), Salz und etwas Essig kochen. Das Ganze erkalten lassen. Lunge und Herz in feine Streifen schneiden und wieder in diesen Kochsud einlegen, über Nacht im Kühlhaus stehen lassen. Den Sud wieder abschütten und für die Soße aufheben.

Aus Schmalz und Mehl eine braune Mehlschwitze (Einbrenne) herstellen, den zerdrückten Knoblauch und die Zwiebeln mitschwitzen lassen, danach mit der Brühe auffüllen, glattrühren und ca. 10 Min. köcheln lassen. Lunge, Herz und Essiggurkenstreifen beigeben, nochmals ein paar Minuten kochen lassen, danach mit Essig und Essiggurkenfond abschmecken.

Wenn Sie das Züngerl besonders abschmecken wollen, dann geben Sie noch etwas Senf, einige gehackte Kapern und ein feingehacktes Sardellenfilet dazu. Auch ein wenig Majoran und Thymian schadet nicht. Dazu passen Semmelknödel.

Es ist keine Kunst, nichts zu essen,
aber es ist eine Kunst, mäßig zu essen.

Geröstete Kutteln

Zutaten:

500 g Kutteln (gereinigt, gekocht, in Streifen geschnitten), 2 Eier, 3 EL Butterschmalz, Salz, Pfeffer, Schnittlauch, 1 Zwiebel.

Zubereitung:

Zwiebel in Würfel schneiden und im Schmalz (breite Pfanne) anbraten, die Kutteln dazugeben, weiter rösten, würzen und die verquirlten Eier darunterrühren. Das Ganze etwas weiterrösten. Nach dem Anrichten mit Schnittlauch bestreuen. Dazu gibt man Bratkartoffeln und grünen Salat.

Saure Kutteln

Zutaten:

500 g Kutteln (gereinigt, gekocht, in Streifen geschnitten), 60 g Butterschmalz, 1 Zwiebel (Würfel), Salz, Pfeffer, 1/8 l Fleischbrühe, 2 Lorbeerblätter, 1/8 l Sauerrahm, 1/2 EL Essig, gehackte Petersilie (2 EL), 2 EL Schnittlauch.

Zubereitung:

Die Zwiebeln im Schmalz leicht anbraten, danach die Kutteln dazugeben, das Ganze rösten lassen, mit etwas Fleischbrühe ablöschen, Lorbeer und Gewürze beigeben, 5 Min. leicht köcheln lassen. Zum Schluß den Sauerrahm und den Essig dazugeben, Petersilie und Schnittlauch untermischen. Dazu passen Bratkartoffeln oder Rösti.

Geschnetzelte Niere in Mostessigsoße

Zutaten:

600 g Schweinenieren, 1 Zwiebel (Würfelchen), 1 EL Mostessig, 2 dl Fleischbrühe, 1 TL Senf, 1 EL Sauerrahm, Thymian, Majoran, 40 g Butter, Öl zum Braten, 1 TL Mehl.

Zubereitung:

Nieren wässern, die Haut entfernen, der Länge nach halbieren, entsehnen, danach in feine Scheibchen schneiden. Das Öl in der Pfanne erhitzen, die Nieren kurz bei hoher Hitze braten; wenn sie fast durch sind aus der Pfanne nehmen. Ein Stück Butter in die Pfanne geben, Zwiebelwürfelchen darin anschwitzen, das Mehl beigeben und kurz mitschwitzen lassen. Mit der Brühe auffüllen, sofort glattrühren und den Mostessig dazugeben und köcheln lassen. Zum Schluß Senf, Sauerrahm, Thymian und Majoran dazu, aber nicht mehr kochen. Die Nieren werden kurz vor dem Servieren daruntergemengt. Dazu gibt's Bratkartoffeln mit Kümmel.

Das, für sich alleine, ungenießbare Salz
macht wiederum ungenießbare Speisen
genießbar.

Krautwickel

Zutaten:

10 Weißkrautblätter oder große Wirsingblätter. Für die **Füllung** braucht man eine Hackmasse aus 300 g Hackfleisch (½ Rind, ½ Schwein), 3 Semmeln, 2–3 Eier, Salz, Pfeffer, 1 Zwiebel (Würfel), 2 EL gehackte Petersilie, 1 zerdrückte Knoblauchzehe, 1 TL Senf, 10 dünne Speckscheiben.

Zubereitung:

Die Krautblätter in Salzwasser mit etwas Kümmel halb weich kochen, danach abschrecken, auslegen und mit wenig Salz und Kümmel bestreuen. Die Hackmasse „fingerdick" auftragen, daraus Rollen formen (einwickeln). Die Krautwickel in eine gebutterte Form geben, mit etwas Fleischbrühe übergießen, die dünnen Speckscheiben darauf legen und ca. 45 Min. im Ofen garen. Dazu paßt Erdäpfelmus.
PS – Man kann auch Gemüsewürfelchen aus Karotten, Sellerie und Lauch mitgaren, dann wird das Ganze etwas bunter.

Iß, was gar ist,
trink, was klar ist,
sag, was wahr ist.

Erdäpfl

hot's denn au
gäbe

Erdäpfl

Als der Preußenkönig Friedrich der Große vor ca. 200 Jahren durch sein Kartoffelverdikt die Erdäpfel in Deutschland heimisch machte, waren die Schwaben und Allgäuer ihm gar nicht gut gesinnt, denn Aufgezwungenes können die Allgäuer nicht leiden. Friedrich der Große war auch Ziehvater von Carl Eugen, dem Schwabenherzog, und dieser verstand sich mit den Schwaben und Allgäuern gar nicht. Er, der Herzog, hatte nämlich Weiber, Schlösser und Schulden in Hülle und Fülle, aber die Bauern mußten Frondienst leisten. 1772 war ein Hungerjahr, und da gab es hauptsächlich nur noch Kartoffeln. Jetzt mußten die Allgäuer und Schwaben plötzlich das essen, was sie früher den Säuen gaben. Dies war wohl die größte Beleidigung, und man kann sich gut vorstellen, mit welcher Grimasse der Allgäuer seine ersten Kartoffeln aß. Da die Allgäuer aber ein listiges Völklein sind, überlegten sie, wie dieser Zwang umgangen werden kann. Die Lösung war einfach, man aß die Kartoffeln nicht „pur", sondern verfremdete diese, indem man Mehl beigab (Erdäpfelschupfnudeln), oder machte die Kartoffeln mit Essig und Öl an (Kartoffelsalat). Der Zwang war somit aus der Welt geschaffen, denn mit dem Selbsterfundenen konnte man leben. Die große Liebe wurden die Kartoffeln aber nie, auch wenn noch weitere Kartoffelgerichte (Erdäpfelkratzat, saure Rädle) erfunden wurden. Die Zeiten des 18. und 19. Jahrhunderts waren nicht so goldig bzw. nicht so „mehlig", wie es sich die Schwaben und Allgäuer wünschten. Deshalb hat man mit den Kartoffeln einen Kompromiß geschlossen. 1500 Jahre Mehltruhe gegen 220 Jahre Erdäpfel, wer da wohl gewinnen wird?

Käserdäpfel

Zutaten:

8 große Kartoffeln, 150 g grob geriebener Bergkäse, Salz, Pfeffer, 2–3 Zwiebeln (in Würfeln), Schnittlauch, Butterschmalz.

Zubereitung:

Die Kartoffeln waschen, schälen, in ca. 1-cm-Würfel schneiden und kochen, aber nicht zu weich. Das Wasser abschütten und die Kartoffeln auf einem Sieb gut abtropfen lassen, dann in Butterschmalz hellbraun braten. Anrichten wie Kässpatzen, d.h. 1 Lage Erdäpfel, 1 Lage Käse usw. Das Ganze mit viel gerösteten Zwiebeln und Butter abschmelzen. Die Käserdäpfel mit Schnittlauch bestreuen und grünen Salat dazugeben.

Erdäpfelmus (Bodebiremus)

Zutaten:

10 mittelgroße geschälte Kartoffeln, 0,3 l Milch, 5 EL Griebenschmalz, 2 EL Mehl, Salz, Pfeffer, Muskat.

Zubereitung:

Salzkartoffeln kochen, das Wasser abschütten, die Erdäpfel zerstampfen und mit der Milch in einem Topf zu Brei verkochen. Das Mehl mit etwas Wasser zu einem Teigle (Zwerle) verrühren und das Mus damit abbinden. Das Ganze würzen, nochmals aufkochen, in einer Schüssel anrichten und mit heißen Grieben sowie gerösteten Semmelbröseln abschmelzen.

Erdäpfelkuchen

Zutaten:

800 g gekochte Kartoffeln (grob gerieben), 3 EL Mehl, 3 EL zerlassene Butter, 2 Eier, 0,2 l Sauerrahm, Salz, Muskat, 1 Zwiebel (Würfel), 100 g feine Speckwürfel, 2 EL Schnittlauch, 2 EL gehackte Petersilie, 100 g grob geriebener Emmentaler.

Zubereitung:

Speck und Zwiebeln in Butter anschwitzen, Schnittlauch und Petersilie beigeben. Alle Zutaten miteinander vermengen. Auf ein Backblech oder eine Kuchenform verteilen, mit dem Käse bestreuen. Das Ganze bei ca. 220 °C im Backofen schön braun backen. Kann als Hauptspeise mit grünem Salat, aber auch als Beilage (ausstechen) zum Braten gegessen werden.

„Ich bin über den Berg", sagte der Wirt,
❀ und es ging mit ihm bergab. ❀

Kartoffelpuffer

Zutaten:

1 kg Kartoffeln (rohe), etwas Milch, 5 EL Mehl, 1 feingewürfelte Zwiebel, Salz, Pfeffer, Muskat, Butterschmalz zum Ausbacken.

Zubereitung:

Die Kartoffeln schälen, fein reiben, das „Zuviel“ an Wasser abgießen, die Zwiebeln untermengen, etwas Milch beigeben und zum Schluß die Gewürze sowie das Mehl unterrühren. Butterschmalz in der Pfanne erhitzen und mit einem Eßlöffel die Kartoffelmasse hineingeben, etwas flachdrücken, so daß „Puffer“ entstehen, nun auf beiden Seiten langsam braten lassen. Zu diesen Puffern paßt Apfelkompott, aber auch Sauerkraut.

G'schaichte Bodebire

Heiße Pellkartoffeln schälen und in ½ cm dicke Scheiben schneiden. Die Kartoffelscheiben lagenweise in eine Schüssel schichten, wobei zwischen jeder Schicht geriebener Emmentaler und Bergkäse eingestreut wird. Zwischen jede Schicht wird auch ein Gemisch aus heißem Wasser, Essig, Salz und Pfeffer gegeben. Das Ganze wird mit einem Besteck gut vermengt (dieser Vorgang ist das „Schaichen“). Dazu wird Bauernbrot gegessen.

Ich esse und trinke was ich mag
❀ und leide was ich muß. ❀

Erdäpfelschupfnudeln

Zutaten:

400 g gekochte, ausgekühlte Kartoffeln (mehlige Sorte), 200 g Mehl, 50 g Grieß, 2–3 Eigelb, 100 g Butterschmalz, Salz, Muskat.

Zubereitung:

Die Kartoffeln durch eine Presse drücken und mit Mehl, Grieß, Eigelb, Salz, Muskat zu einem glatten Teig kneten. Aus diesem Teig 2–3 cm dicke Rollen formen, davon kleine Stücke abschneiden und auf einem bemehlten Brett fingerdicke Nudeln herstellen bzw. „schupfen" (kommt von wegschupfen). Diese Nudeln im Salzwasser 5–6 Min. leicht köcheln, danach im kalten Wasser abschrecken und auf einem Sieb gut abtropfen lassen. Die Erdäpfelschupfnudeln im Butterschmalz leicht braten. Diese „Nudeln" eignen sich gut als Beilage zu „soßigen" Gerichten, aber auch als süße Spezialität (mit Bröseln abschmelzen und frisches Preiselbeerkompott dazu).

Krautschupfnudeln

Zutaten:

Erdäpfelschupfnudeln wie oben angegeben herstellen. 500 g ausgedrücktes Sauerkraut, 2 Zwiebeln (Streifen), 50 g geräuchertes Wammerl (Streifen), 100 g Schmalz.

Zubereitung:

Speck und Zwiebeln anbraten, das Kraut dazugeben und etwas rösten lassen. Die Schupfnudeln extra heiß machen und mit dem Kraut vermischen.

Erdäpfelkratzad

Zutaten:

300 g Mehl, 5 gekochte Kartoffeln (fein gerieben), 3–4 Eier, Salz, Muskat, 1/4 l Milch, 1 EL Sauerrahm, 60 g Butterschmalz.

Zubereitung:

Aus den Zutaten einen dicklichen Pfannkuchenteig herstellen. In einer breiten Pfanne das Schmalz erwärmen, den Teig hineingeben, auf beiden Seiten hellbraun bakken, dann mit einem Backschäufele zerkleinern („zerkratzen“) und etwas weiterrösten lassen. Dazu schmeckt Apfelkompott. Erdäpfelkratzad ist auch als Beilage geeignet.

❀ Dreimol schlecht geasse isch au gfastet. ❀

Großmutters Erdäpfelsalat

Zutaten:

1 kg Salatkartoffeln, 1 Tasse Fleischbrühe, 1 TL Senf, Salz, Pfeffer, 1 gewürfelte Zwiebel, 2 EL Griebenschmalz, 1 EL Essig, 2 EL Apfelmost.

Zubereitung:

Die Erdäpfel kochen, schälen, in feine Scheibchen schneiden, mit Most übergießen und mit Salz und Pfeffer würzen. Den Senf in der Fleischbrühe verrühren und dazugeben. Die Zwiebeln mit dem Griebenschmalz erwärmen, über die Kartoffeln geben, vermengen und mit Essig abschmecken. Ist der Kartoffelsalat zu trokken, dann noch etwas Wasser oder Brühe beigeben.

Erdäpfelwürscht

Zutaten:

½ kg Mehl, ¼ kg Kartoffeln, 4 Eigelb, 40 g Hefe, 100 g Butterschmalz, ¼ l Milch, Salz, Muskat.

Zubereitung:

Die Kartoffeln schälen, kochen, heiß pressen und wieder erkalten lassen. Die Hefe zerbröseln und in der Milch aufweichen. Alle Zutaten zu einem glatten, geschmeidigen Teig verarbeiten und ¾ Std. ruhen lassen. Aus dem Teig ca. 2–3 cm dicke Rollen formen, davon 5–6 cm lange Stücke abschneiden und im heißen Fett (160 °C) schwimmend ausbacken. Dazu ißt man Sauerkraut.

Fisch und Freitagsgricht

Fisch aß der Allgäuer nur wenn es sein mußte, und dann nur freitags: „Flußfisch mit Kartoffelsalat." Der „Meeresfisch" ist nie so richtig der Freund des Urallgäuers geworden, wahrscheinlich weil ihm das Meer fehlt und die Kässpatzen nicht dazu passen.

Wenn Fische gegessen wurden, dann waren es **Weißfische** (Wertacher Gegend) – **Bachforellen – Blaufelchen** aus den Alpenseen, meist in paniertem oder gebratenem Zustand, aber auch die Zubereitungsarten „blau" oder in Rahm waren bekannt. Auch **Froschschenkel** wurden gebacken oder in weißer Soße „eingemacht" und gegessen.

Der **Freitag** war und ist für den Allgäuer ein fleischloser Tag. Außer Fisch gab es genügend andere Möglichkeiten, um das katholische Gewissen nicht mit Fleisch und Wurst zu belasten. Der Allgäuer beruhigte sein Gewissen lieber mit Dampfnudeln (dazu Vanillesoße oder Dörrobst), Pfitzauf, Ofenschlupfer (Scheiterhaufen) usw. Diese Art von Fasten hält er für besser „als gar nix essen", wahrscheinlich fragt er sich auch: „Was hat der Herrgott davon, wenn i an Hunger hab, dann muß er ja bloß an Engel schicken."

Wer nach dem Fleische lebt in der Welt,
muß gar bald räumen das Feld!

Aus dem Wasser ...

Einfache Fischrezepte sind allgemein bekannt, deswegen möchte ich die Zubereitungsarten der Fische aus den Allgäuer Bergseen und Bächen nur allgemein beschreiben und keine genauen Rezeptangaben machen.
Die **Bachforelle** wurde **„blau“** zubereitet oder **gebakken** (paniert), aber auch nur **gebraten.**
Karpfen wurde zubereitet wie die Forelle, d. h. **blau, gebacken** oder **gebraten.**
Weißfisch ist am besten im **gebackenen** oder **gebratenen** Zustand. **Blaufelchen** (aus den Alpenseen) können in **Rahm-** oder **Kräutersoße,** aber auch **gebraten, gebacken** (paniert) sowie im **Bierteig** zubereitet werden.

Froschschenkel

Frösche bzw. Froschschenkel sind ins Gerede („Gequake“) gekommen, weil diese Tiere im Ausland, aber auch in Deutschland auf brutalste Weise getötet worden sind. Tierschützer sind mit Recht für die Frösche auf die Barrikaden gegangen, denn welchen Sinn soll es haben, daß man den Fröschen bei lebendigem Leibe die Schenkel abtrennt, damit die Haut besser abzuziehen geht. Diese Tötungsart ist in Deutschland nicht erlaubt. Frösche müssen erst getötet werden, und erst danach darf man diese in der Küche weiterverarbeiten. Da es aus Tierschutzgründen nicht mehr „in“ ist Froschschenkel anzubieten, gebe ich hier an dieser Stelle keine genauen Rezepte bekannt, sondern beschreibe nur die Zubereitungsart allgemein. Im Allgäu war es üblich Froschschenkel mit Salz, Zitronensaft und Pfeffer zu würzen, danach wurden diese paniert und im Fett **gebacken.** In mancher Gegend wurde die Spezialität in **Weißweinsoße** oder nur mit **Rahm** zubereitet. Eine andere Möglichkeit war es, die Froschschenkel mit **Bierteig** zuzubereiten.

Der Koch, der mit der Zeit geht,
bleibt auf dieser sitzen,
denn man muß der Zeit voraus sein.

Laubfrösche

Zutaten:

1 kg Spinat oder Mangold, 5 alte Semmeln, etwas Milch, 80 g Butter, 2 Zwiebeln (gewürfelt), 1 Knoblauchzehe zerdrückt, 1 Bd. Petersilie, 1 Bd. Schnittlauch, 5 Eier, 1/8 l Rindfleischbrühe, Salz, Pfeffer, Muskat, Sauerrahm, 2 Eigelb.

Zubereitung:

Spinat putzen, waschen, kurz ins kochende Salzwasser geben, danach abschrecken und auf einem Sieb gut abtropfen lassen. 20–25 große Spinatblätter aussuchen, die restlichen fein hacken. Für die Füllung werden die Semmeln in Milch eingeweicht, wieder ausgedrückt und fein gehackt, das Ganze vermengt man mit dem gehackten Spinat, Petersilie, Schnittlauch, angeschwitzten Zwiebeln und dem zerdrückten Knoblauch. Nun die Eier dazurühren und mit Salz, Pfeffer sowie Muskat würzen. Die großen Spinatblätter auslegen, mit einem Eßlöffel die Spinat-Semmelfüllung verteilen und die Blätter einschlagen. Eine Auflaufform ausbuttern, die „Frösche" mit der zusammengeschlagenen Seite nach unten einlegen. Die Rinderbrühe angießen, das Ganze mit Butter überpinseln und bei ca. 200 °C ca. 20 Min. im Ofen garen. Sauerrahm mit Eigelb anrühren, über die „Frösche" verteilen, wieder in den Ofen schieben und nochmals erwärmen.
Werden die Laubfrösche an einem anderen Wochentag gegessen, dann darf bei der Füllung auch Kalbsbrät untergemengt werden.

Pfitzauf

Zutaten:

250 g Mehl, 1 dl kalte Milch, ½ l heiße Milch, 6 Eier, 130 g zerlassene Butter, 1 Pr. Salz.

Zubereitung:

Mehl, Salz, kalte Milch und die Eier miteinander glattrühren, nach und nach die heiße Milch und die zerlassene Butter beigeben. Pfitzaufförmchen gut ausbuttern, halb mit Teig füllen und bei 180–200 °C im Ofen 30 Min. backen. Pfitzauf ist empfindlich wie Soufflé und soll dementsprechend behandelt und serviert werden. Dazu paßt gut: gekochtes Dörrobst oder frische Preiselbeeren in wenig Läuterzucker erhitzt (auf ca. 90 °C).
PS – Läuterzucker stellt man her, indem man volumenmäßig gleich viel Zucker und Wasser (z.B. ⅛ l Wasser, ⅛ l Zucker) so lange kocht, bis dieses Zuckerwasser klar ist (ca. 3 Min.).
Pfitzaufförmchen bestehen aus Blech oder Ton und sind 6 zusammengesetzte Schüsselchen von 5 cm Höhe.

❀ Mit vollem Bauch ist gut Fastenpredigt halten. ❀

Ofenschlupfer

Zutaten:

4 Semmeln vom Vortag, 6 Äpfel, ½ l Milch, 4 Eier, 30 g Zucker, 50 g Butter, 1 Msp. Zimtpulver, 1 Pr. Vanillezukker, 2 EL Rosinen.

Zubereitung:

Semmeln in Scheiben schneiden. Äpfel schälen, vierteln, entkernen und ebenfalls in Scheiben schneiden. Die Äpfel mit Zucker, Rosinen und Zimt vermengen. Nun gibt man in eine gebutterte Auflaufform 1 Lage Semmelscheiben, 1 Lage Äpfel ... usw. Den Schluß bilden die Semmeln, wobei diese Semmelscheiben vorher in Milch eingetaucht werden. Eier, Milch, Vanillezukker, zerlassene Butter und Zucker miteinander verrühren, das Ganze über die letzte Schicht gießen, Butterflocken darauf verteilen, mit etwas Zucker bestreuen und im Backofen bei 200 °C ca. ¾ Std. backen lassen. Dazu paßt gut eine leichte Vanille-Rum-Soße.

Köche ohne Widersprüche
sind langweilige Kreaturen.

Das Mus

Wie alle fleischlosen Gerichte sich als Freitagskost eignen, so könnte auch das für diesen Fastentag bestimmt sein, obwohl auch dies ursprünglich ein „Sennergericht“ war. Da das Mus der eigentlich Vorläufer der „dicken“ Suppen ist, kann man sich gut vorstellen, wie die Zubereitung vonstatten geht. In unserer Zeit wird aber das Mus nur noch selten gemacht, deshalb möchte ich mich auf eine einfache Aufzählung der möglichen Musarten beschränken. Als Mus war und ist möglich: **Eing'säts Mus** (auch „Säbrei“ genannt) – **Musmehlmus** – **Häbernes Mus** (Hafer) – **Schwarzmus** (auch „Bränntar“ genannt) – **Holdermus** – **Käsmus** (oder Rallenmus oder Käsraller und Schlettra genannt) – **Erdäpfelmus** – **Kindsmus** – **Grießmus.**
Aus dieser Vielfalt kann man erkennen, welch wichtige Rolle eigentlich das Mus gespielt hat.
PS – Als Musmehl wird ein grob gemahlenes Weizenmehl (früher aus Feesen) verwendet. Dem Korn wird nur ein Teil der Getreidehülsen entfernt.

❀ Gar zu gesund ist ungesund. ❀

Kratzad (Kratzete)

Die Kratzad ist eigentlich eine Sennerkost, welche es jeden Morgen im Sommer auf der Alp gibt bzw. gab.
Das **Grundrezept** ist folgendermaßen: Aus 250 g Mehl, 4 Eiern, ¼ l Milch, 1 Pr. Salz, etwas Zucker wird ein glatter Pfannkuchenteig hergestellt. In einer breiten Pfanne erhitzt man Butterschmalz, gibt den Teig „fingerdick“ hinein, bäckt auf beiden Seiten an, danach wird dieser Pfannkuchen mit einem Backschäufele zerkleinert („zerkratzt“) und nochmals kurz durchgeröstet. Zur einfachen Eier- oder Mehlkratzad paßt am besten ein Kompott aus Äpfeln, Birnen oder Waldbeeren.

Äpfelkratzad

Äpfel schälen, entkernen, in Scheibchen schneiden, im Butterschmalz anbraten, den Teig darauf verteilen, danach weiter behandeln wie im Grundrezept angegeben.

Birnenkratzad

Verfahren wie bei Apfelkratzad, aber mit Birnen. Auf diese Art und Weise können auch Kratzad aus Kirschen oder anderen Obstarten hergestellt werden.

Wer kein Fleisch essen kann,
der lobt das Fasten.

Eine **eigenartige Kratzad** ist die sogenannte **Bluatkratzad.** Bei dieser wird anstatt Milch Schweineblut zum Anrühren des Teiges verwendet. Die Bluatkratzad wurde vor dem Servieren etwas gezuckert, und wegen ihrer dunklen Farbe wurde sie auch „schwarze Kratzad" genannt. Es gibt aber auch eigenständige Kratzadarten, von denen ich hier ein Rezept beschreibe:

Semmelkratzad

Zutaten:

6 altbackene Semmeln oder dieselbe Menge altes Zopfbrot, 4 Eier, 3/8 l Milch, 100 g Sultaninen, 100 g Butter.

Zubereitung:

Die Semmeln in feine Scheibchen schneiden. Die Milch mit den Sultaninen erwärmen (nicht kochen), etwas abkühlen lassen, danach werden die Eier unter die Milch gerührt. Diese „Eiermilch" schüttet man über die Semmeln und läßt das Ganze etwas ziehen. Diese Semmelmasse in einer breiten Pfanne mit Butter rösten und ständig mit der Backschaufel zerkleinern. Vor dem Servieren mit Zimtzucker bestreuen. Dazu paßt ein Apfelkompott.
Auch die **Erdäpfelkratzad** ist so eine eigenständige Kratzad, welche ich aber schon im Kapitel „Erdäpfel" beschrieben habe.

❀ Es geit nix Bessers wie ebbas Guets. ❀

A Brotzeit mag ba allat

Brotzeit oder Vesper? So genau sind diesbezüglich die kulinarischen Grenzen im großen Allgäu nicht gezogen. Sicher macht man im oberen Allgäu Brotzeit, aber im „übrigen“ Allgäu wird wahrscheinlich auch gevespert. Egal wie man's nennt, auf jeden Fall haben das Vespern oder Brotzeitmachen die Bauern und Handwerker erfunden, denn diese Leute haben pro Tag oft 12–14 Std. geschuftet. Der Bauer stand im Sommer schon um 3 Uhr auf, aß eine Suppe zum Frühstück, und hatte um „Neune“ wieder Hunger, also nahm er sein zweites Frühstück zu sich, dies war dann die erste Brotzeit (oder Vesper oder Z'nüne). „Brot-Zeiten“ waren „Streckzeiten“, d.h. Verschnaufpausen. Es gab auch Brot und Most. Seit der Industrialisierung haben sich die Brotzeitgewohnheiten auch geändert. Heutzutage gibt es Wurst, Sülzen, Tellerfleisch, Käse, Fleischküchle, Rauchfleisch, Preßsack, Wurstsalat u.v.a.m.

Brotzeit wird fast überall und zu jeder Zeit gemacht, nachmittags in der Gartenwirtschaft, abends in der Kneipe und nach dem Nachtessen auch noch einmal daheim. „Pausenbrot“ heißt es für die Kinder heute, früher bekamen die Allgäuer Kinder eine gesunde Brotzeit mit in die Schule, und dies war eine Laugenbreze und dazu einen Apfel, aber in unserer so „gescheiten“ Zeit braucht man dafür Ernährungswissenschaftler, die den Eltern klarmachen, daß dies vitaminreicher ist als „Industrie-Milchschnitten“. An diesem Beispiel sieht man wohl, das ungezählte Jahrgänge damit groß geworden sind und nicht so „dumm-ungesund“ gelebt haben, wie es heutzutage manchmal dargestellt wird.

Tellerfleisch

Ist nichts anderes als gekochtes Rindfleisch (Suppenfleisch), das mit wenig eigener Brühe, frisch geriebenem Meerrettich auf einem Teller lauwarm bis heiß serviert wird. Auf ein Tellerfleisch gehört auch etwas grobkörniges Salz, gehackte Blattpetersilie, und dazu paßt sehr gut hausgebackenes Bauernbrot oder einfache Bratkartoffeln.
Zum Kochen fürs Tellerfleisch eignet sich am besten Bugblatt (Schaufelstück), Tafelspitz oder Bruststück (Brustkern).

Ochsenmaulsalat

Zutagen:

500 g Ochsenmaul (beim Schlachter bestellen), 3 EL Essig, 2 EL Öl, 1 Zwiebel, 2 Gewürzgurken, 2 EL Senf, Salz, Pfeffer, Schnittlauch.

Zubereitung:

Ochsenmaul in feine Scheibchen schneiden. Aus Essig, Öl, Senf, Zwiebelwürfelchen, Salz, Pfeffer und den kleingehackten Gurken eine Salatsoße herstellen. Das geschnittene Ochsenmaul mit dieser Marinade anmachen, ziehen lassen. Anrichten im tiefen Teller und mit Schnittlauchröllchen garnieren.

„Nacketer Krugzeller“

Unter dieser lustigen Bezeichnung versteht der Kemptener „nackete“ Schüblinge, d.h. den kalten Schüblingen wird die Haut abgezogen, und diese werden mit Senf, Brot und Butter serviert.

Allgäuer Lumpensuppe

Zutaten:

150 g Emmentaler, 150 g Preßsack (rot und weiß), 150 g Schübling, 1 Zwiebel (in Ringe schneiden), Essig, Öl, Salz, Pfeffer, 1 Pr. Zucker, evtl. etwas Wasser.

Zubereitung:

Käse, Preßsack und Schübling feinblättrig schneiden, mit den übrigen Zutaten vermengen, ziehen lassen, in einem tiefen Teller anrichten und mit den Zwiebelringen garnieren. Dazu Butter und Bauernbrot.

Bärlauchbrot

Bärlauch wächst auf feuchten Wiesen (April, Mai, Juni) und schmeckt nach Knoblauch. Er wird deshalb auch wilder Knoblauch genannt. Die grünen Blätter fein schneiden und auf ein Bauernbrot mit Butter legen. Der Bärlauch eignet sich auch gut als Gewürz für Suppen, Soßen, Kartoffelgerichte u. v. a. m.

❀ Geträumter Speck ist sehr mager. ❀

Saurer Käs

Zutaten:

400 g Backsteinkäs, 1/2 Tasse warmes Wasser, 1 EL Essig, 3 EL Öl, Salz, Pfeffer, wenig Kümmel.

Zubereitung:

Das Äußere vom Käse leicht abschaben. Den so zugeputzten Käse in kleine Scheiben schneiden. Aus Essig, Wasser, Öl, Salz, Pfeffer und Kümmel eine Salatmarinade herstellen. Die Käsescheiben einlegen. Das Ganze ziehen lassen, im tiefen Teller anrichten und mit Zwiebelringen sowie Radieschenscheibchen garnieren. Dazu gibt man Bauernbrot und Butter.

Allgäuer Wurstsalat

Zutaten:

400 g Schübling, 200 g Emmentaler, 2 Zwiebeln, Salz, Pfeffer, Essig, Öl, Wasser 1 TL Senf.

Zubereitung:

Aus Essig, Öl, Salz, Pfeffer, Senf und Zwiebelwürfelchen eine Salatmarinade bereiten. Wurst und Käse feinblättrig schneiden und mit der Salatmarinade gut vermengen. Das Ganze ziehen lassen. Den Wurst-Käse-Salat in einem tiefen Teller anrichten und mit Zwiebelringen garnieren.

Gekochte Ochsenbrust mit Rettichsoße

Ochsenbrust mit einem Lauch-, Sellerie-, Karottenbündel und einer halbierten angebräunten Zwiebel wie ein gewöhnliches Siedfleisch herstellen, aus der Bouillon nehmen, in Scheiben schneiden und mit folgender Rettichsoße servieren.

Zutaten:

2 schwarze Rettiche (mittelgroß), 2 Äpfel, 4 cl Weinessig, 2 EL Öl, 1 Pr. Salz, 1 Pr. Zucker, 1/8 l Fleischbrühe (vom Ochsenfleisch) kalt, 1 EL Mutschelmehl oder Semmelbrösel.

Zubereitung:

Rettich und Äpfel fein reiben und sofort mit dem Essig und den übrigen Zutaten vermengen. Die Brösel dienen als Bindung.

Ma und Weib isch oi Leib,
hot der Bauer gsait und hot de Brote
alloi gfreasse.

Kuttelsalat

Zutaten:

500 g gekochte, in Streifen geschnittene Kutteln, 1 Zwiebel (Würfel), 4 EL Öl, 5 EL Essig, 2 EL gehackte Petersilie, Salz, Pfeffer, 1 weißer Rettich (mittelgroß).

Zubereitung:

Rettich waschen, grob reiben und mit den Kutteln vermengen. Aus den restlichen Zutaten eine Salatsoße herstellen. Kutteln und Soße vermengen, nochmals abschmecken, etwas ziehen lassen, im tiefen Teller anrichten und mit Petersilie bestreuen.

Fleischküchle

Zutaten (6 Personen):

400 g Kalbfleisch, 400 g Schweinefleisch, 200 g Semmel, 2 Zwiebeln (Würfel), 1 Bd. Petersilie, 4 Eier, 1 TL Senf, wenig geriebene Zitronenschale, 2 EL Butter, Salz, Pfeffer, Fett zum Braten.

Zubereitung:

Brot in Wasser oder Milch einweichen, danach gut ausdrücken. Zwiebelwürfelchen mit der gehackten Petersilie in Butter anschwitzen und erkalten lassen. Das Fleisch mit dem Brot durch den Fleischwolf lassen. Zwiebeln, Eier, Senf, Salz, Pfeffer und Zitronenschale mit dem Fleisch vermengen. Laible formen, auf beiden Seiten mit wenig Semmelbrösel bestreuen und in Butterschmalz braten. Dazu gibt's Kartoffelsalat.

Der Allgäuer ißt nicht Brot zu Käse,
sondern Käse zu Brot, und die Fleischküchle
kauft er auch nicht beim Bäcker.

Ohne Käs goht's it

Das Allgäu soll angeblich schuld daran sein, daß der römische Kaiser Antonius Pius im Jahre 161 n. Chr. gestorben sei, und zwar an einem rätischen Käse, auch als antikes Allgäuer Bergkäslein ging dieser Käse in die Annalen der römischen Geschichte ein.
Na ja, wenn daß so stimmt, dann haben die Allgäuer schon recht gehabt, das Käsen von den Schweizern neu zu erlernen. Bis es aber so weit war, dauerte es immerhin noch eine lange Zeit.
1821 passierte es aber tatsächlich, daß Aurel Stadler in Weiler den ersten Emmentaler erzeugte. 1827 ist auch der erste Emmentaler in Blaichach aus dem Salzbad gehoben worden. Ab 1830 wurde das Allgäu durch seine Milch- und Käsewirtschaft wesentlich wohlhabender. Um diese Zeit führte man auch den „Limburger“ ein und machte diesen nach. Es begann die große Zeit der „Fettkäserei“, auch „Rundkäserei“ genannt, nach dem Vorbild der Schweizer Methode.
Vor dieser Zeit gab es aber schon die Schafs- und Ziegenkäse, auch der Weißlacker war schon präsent.
Aus diesen Behauptungen geht hervor, daß die berühmten Allgäuer Kässpatzen „erst“ ca. 150 Jahre alt sind. Im Laufe dieser Zeit sind auch viele Spezialitäten mit Allgäuer Käse entstanden. Die vielfältigen Zubereitungsmöglichkeiten von Allgäuer Käse sollten wir nutzen.

Ma mueß allahand ausstau,
❀ bis ma de Schlotter numma beißa ka. ❀

Großmutters Nienzle

Zutaten:

200 g Ziegenquark, 100 g Zieger (trockener Quark) **oder** insgesamt 300 g „normaler" ausgedrückter Quark, 150 g Sauerrahmbutter, Salz, Kümmel, Pfeffer.

Zubereitung:

Butter schaumig rühren, den Quark beigeben, mit den Gewürzen verrühren, daß es eine glatte Masse ergibt. Kleine Käslaible formen, auf ein Holzbrett geben, mit einem Tuch bedecken und bei Zimmertemperatur (16–18 °C) einige Tage reifen lassen. Wenn die Laible etwas „runzlig" werden, dann sind sie zum Verzehr fertig. Dazu gibt's Holzofenbrot mit Butter drauf und mit Schnittlauch bestreut. Diese hausgemachte Käsespezialität wird auch Nitzle – Kienzle – Doppe oder Doppekienzle genannt.

„All Jahr a Reisle, all Monat a Räuschle
und all Wocha a „Mäusle",
nau wierscht a alts Greisle",
sagte der 90jährige Allgäuer
und aß sein Käsle.

Luckeleskäs

Zutaten:

2 l Rohmilch (frisch vom Bauer), 1/4 l dicker Süßrahm (40–50% Fett), Salz, Bergschnittlauch.

Zubereitung:

Die Milch an einem warmen Ort stehen lassen, bis diese sauer und dick wird. Das Ganze in ein sauberes grobes Leinentuch geben, die Flüssigkeit abseihen und über Nacht gut abtropfen lassen. Diesen Frischkäse mit dem Rahm gut glattrühren, das Salz und den feingeschnittenen Bergschnittlauch dazugeben. Zum Luckeleskäs serviert man „Erdäpfel in der Montur", d. h. Pellkartoffeln mit wenig Kümmel gekocht und nicht geschält.

Angemachter Backsteinkäs

Zutaten:

350 g Backsteinkäs, 100 g weiche Butter, 1 Zwiebel (feinwürfelig), 2 EL gehackte Petersilie, Zwiebelröhrle, Pfeffer und Salz.

Zubereitung:

Den weichen, reifen Backsteinkäs (oder Romadur) und alle anderen Zutaten mit einer Gabel zerdrücken. Gegessen wird dieser Käse mit Holzofenbrot und schwarzem Rettich, dazu trinkt man Most.

Backsteinkäs im Mostteig

Zutaten:

16 Scheiben Backsteinkäs (ca. 1½ Stangen), wenig Mehl, Butterschmalz zum Backen.

Für den Mostteig:

500 g Mehl, ⅛ l Milch, ½ l Most, 2 Eier, 1 Pr. Salz.

Zubereitung:

Stellen Sie aus Mehl, Milch, Most, Salz und den Eiern einen glatten „dicklichen" Teig her. Die ca. 1 cm dicken Käsescheiben in Mehl wenden, durch den Mostteig ziehen und im heißen Butterschmalz schwimmend backen, bis er hellbraun ist. Zu dieser Spezialität paßt sehr gut ein frisches Preiselbeerkompott extra serviert.

Allgäuer Käsknödel

Unter eine Semmelknödelmasse (wie bei Wickelknödel beschrieben) wird feingeriebener Bergkäse untergemengt. Für die „Knödelfüllung" richtet man Bergkäsewürfel (1–1½ cm). Die Knödelmasse wie Semmelknödel abdrehen, aber mit einem Stück Bergkäse füllen. Die Knödel ins kochende Salzwasser geben, danach 30 Min. ziehen lassen. Der Käse muß schön geschmolzen sein. Diese Knödel auf Sauerkraut anrichten und mit braunen Zwiebeln abschmelzen. Serviert man diese Knödel in einer Fleischbrühe, dann hat man eine **Allgäuer Käsknödelsuppe.**

Allgäuer Wolkenbruch

Zutaten:

350 g Limburger (oder Romadur), 30 g weiche Butter, 1 rohes Eigelb, 2 EL Süßrahm, 1 EL Sauerrahm, 2 EL feingehackte Zwiebeln, 1 Bd. Schnittlauch, Radieschen, Pfeffer, Salz.

Zubereitung:

Käse, Butter und Eigelb mit einer Gabel feinst zerdrükken, den Süß- und Sauerrahm unterrühren, Zwiebeln, Salz, Pfeffer und Schnittlauch beigeben. Das Ganze nochmals zu einer homogenen Masse verarbeiten. Auf einem Blatt Kopfsalat anrichten und mit Radieschenscheibchen garnieren. Dazu ißt man Bauernbrot.

Ziegernudeln

Zutaten:

250 g Zieger (oder ausgepreßter grober Quark), 300 g Mehl, 2 Eier, 1 Pr. Salz, Schmalz zum Ausbacken.

Zubereitung:

Zieger, Eier, Salz miteinander in einer Schüssel verrühren, danach die Hälfte des Mehls beigeben. Auf einem bemehlten Brett die zweite Hälfte des Mehls unterkneten. „Fingerdicke" Nudeln formen, ½ Std. ruhen lassen, danach im Schmalz schwimmend ausbacken. Dazu gibt man Apfelkompott oder Kartoffelsalat mit Endivien gemischt.

Kässpatzen

Zutaten:

400 g Mehl, 4 Eier, 1/8 l Wasser, 1 Pr. Salz, 150 g Bergkäs, 150 g Emmentaler, 150 g Butter, 4 Zwiebeln, Schnittlauch.

Zubereitung:

Aus Mehl, Eiern, Salz und Wasser einen zähflüssigen Teig herstellen. Spatzen zubereiten wie im Grundrezept beschrieben. Die Spatzen aus dem Wasser nehmen und in einer vorgewärmten Schüssel anrichten. Eine Lage Spatzen, eine Lage grobgeriebenen Käse, eine Lage Spatzen, eine Lage Käse, eine Lage Spatzen. Das Ganze nochmals in den vorgewärmten Ofen stellen, damit der Käse richtig zerfließt. Zum Schluß mit viel gebräunten Zwiebeln abschmelzen und mit Schnittlauch bestreuen. In manchen Gegenden werden für die Kässpatzen auch Weißlacker Käse oder Limburger bzw. Romadur mitverwendet.

Käsnocken auf Mangold

Zutaten:

0,2 l Milch, 50 g Butter, 1 Pr. Salz, 100 g Mehl, 2 Eier, 1 Msp. Backpulver, 50 g feingeriebener Bergkäs, 50 g feingeriebener Emmentaler, 50 g Semmelbrösel, 1 Zwiebel (gewürfelt), 100 g Butter.

Zubereitung:

Die Milch mit der Butter (50 g) und dem Salz aufkochen, das Mehl dazuschütten (alles auf einmal!) und mit einem Holzlöffel ständig rühren, bis sich der Teig vom Topf löst, das Ganze etwas abkühlen lassen. Die Eier, das Backpulver, den Käse, in dieser Reihenfolge, nach und nach unterrühren. Mit einem Löffel kleine Nocken formen und ins kochende Salzwasser geben, nochmals aufkochen lassen. Diese Nocken auf Mangold (zubereiten wie Blattspinat) anrichten. Zwiebeln und Brösel in Butter rösten und das Ganze damit abschmelzen.

Käskrapfen

Einen Teig wie bei den Käsnocken herstellen, mit einem Löffel kleine Krapfen abstechen und im heißen Butterschmalz (ca. 160 °C) ausbacken. Diese Käskrapfen eignen sich sehr gut als Suppeneinlage, aber auch zu Bier oder Most.

Besser essen, was man hat,
als sagen, was man weiß.

Ebbas Guets

isch ni schlaecht

Auch wenn man glaubt, daß die Allgäuer Küche einfach und bescheiden ist, so ist sie doch wiederum so vielfältig, daß viele Gerichte nicht fix einzuordnen sind, d. h. diese könnten verschiedenen Gruppen zugeordnet werden. Es gibt aber auch Gerichte, die eigentlich nicht zur Allgäuer Küche gehören, aber in diese sehr wohl integriert werden können, da die bodenständigen Lebensmittel dafür bestens geeignet sind. Warum soll der Koch oder die Hausfrau nicht einen „Allgäuer Käsfladen" herstellen, wo es doch Hefeteig, Bergkäs, Süßrahm, Eier, Speck und Zwiebeln im Allgäu gibt und dazu noch ein Glühmost so gut dazu paßt? Ich sehe auch keine Versündigung an der Tradition, wenn im Allgäu Speckkuchen – Röhrleskuche – Holderküchle – Lauchkuchen oder Grießstopfer angeboten werden. Auch ein Mus kann eine Köstlichkeit sein. Dabei denke ich an Holdermus – Heidelbeermus – Rohrmus mit Äpfeln oder ein Häbernes Mus (Hafermus) – Musmehlmus – „Eing'säts Mus" (auch Säbrei genannt).

A magerer Wirt und a
❀ kloiner Bürgermoischtr verschandlet de Ort. ❀

Allgäuer Käsfladen

Zutaten für den Teig:

120 g Mehl, 10 g Hefe, etwas lauwarme Milch (ca. 1/16 l), 20 g Butter, 1 Ei, 1 Pr. Zucker, 1 Pr. Salz. Daraus einen einfachen Hefeteig herstellen, gehen lassen, wieder zusammenrühren. Ist der Teig etwas zu naß, so rührt man einfach noch etwas Mehl darunter.

Für die Füllung:

2 Eier, 1/8 l Süßrahm, 130 g Emmentaler, 130 g Bergkäs (grobgerieben), Pfeffer, Salz, 1 Bd. Schnittlauch, 50 g Speckwürfelchen, 1 Zwiebel (Würfel), 1 EL Schmalz.

Zubereitung:

Speck im Schmalz anbraten, die Zwiebel mit anschwitzen, diese Speckzwiebeln wieder erkalten lassen. Die Sahne mit den Eiern verrühren und mit allen anderen Zutaten (Speckzwiebel, Käse, Gewürze, Schnittlauch) vermengen. Den Hefeteig ausrollen, in eine Kuchenform (28 cm) legen, die Füllung daraufgeben, ca. 35–40 Min. bei 180–200 °C im Ofen backen. Den Käsfladen etwas abkühlen lassen, in Tortenstücke schneiden, danach wieder im Ofen heißmachen. Dazu paßt grüner Salat oder Glühmost.

Wer Speck in der Tasche hat,
der hat das Recht.

Glühmost

Wird hergestellt wie ein Glühwein. Nelken, Zimtstange, Orangen und Zitronenschale, etwas Orangen- und Zitronensaft, Zucker nach Bedarf, das Ganze mit dem Most erhitzen.

Dureinand

Zutaten:

600 g gekochte Kartoffeln, 2 EL Griebenschmalz, 2 Zwiebeln, 250 g grobe Leberwurst, 250 g Griebenwurst, 2 EL gehackte Petersilie, 2 EL Schnittlauch.

Zubereitung:

Die Erdäpfel in Scheiben schneiden und mit dem Griebenschmalz sowie den gewürfelten Zwiebeln braten. Die Wurst in Würfel schneiden und unter die Kartoffeln mengen. Anrichten und mit Petersilie–Schnittlauch bestreuen. Dazu paßt Feldsalat.

Man sagt Reste sind Abfälle,
aber der sparsame Allgäuer sagt:
„Aus dem Rest mach ich Gewinn."

Wirsingküchle

Zutaten:

400 g große Wirsingblätter, 120 g geräuchertes Wammerl, 2 Zwiebeln, 40 g Butter, wenig Fleischbrühe, 300 g gekochte Kartoffeln, 2 EL Mutschelmehl, Salz, Pfeffer, Muskat.

Zubereitung:

Den Wirsing vom Strunk befreien, waschen, in feine Streifen schneiden und ca. 3 Min. im Salzwasser mit etwas Kümmel kochen, danach auf einem Sieb abtropfen lassen. Speckwürfelchen anbraten, die Zwiebelwürfel mit anschwitzen, mit etwas Brühe ablöschen, den Wirsing beigeben. Das Ganze dünsten lassen, bis die Flüssigkeit verdampft ist. Die gekochten Kartoffeln durchpressen und mit dem Wirsing sowie dem Mutschelmehl vermengen. Die Masse würzen, daraus Laibchen formen und in Butterschmalz hellbraun braten. Wirsingküchle passen gut zu Schweinebraten mit einer Bier-Kümmelsoße.

Speckdampfnudeln

Zutaten:

500 g Mehl, ¼ l Milch, 40 g Hefe, 70 g Butter, 2 Eier, 1 Pr. Salz, 1 Pr. Zucker, 120 g geröstete Speckwürfelchen.

Zubereitung:

Aus den Zutaten einen einfachen Hefeteig herstellen, gehen lassen, danach die Speckwürfelchen untermengen. Aus diesem Speck-Hefeteig kleinere Kugeln formen, nochmals gehen lassen. In einem breiten Topf „fingerbreit" Wasser einfüllen und mit einem Eßlöffel voll Butter aufkochen. Nun die Hefeteigkugeln einsetzen, den Topf fest verschließen, das Ganze ca. 20–25 Min. ziehen lassen. Dazu paßt grüner Salat.

Flädletorte

Zutaten für den Flädleteig:

130 g Mehl, 1/8 l Milch, 3 Eier, Salz, Muskat.

Für die „Füllung“:

200 g Bratwurstbrät, 12 dünne Scheiben magerer Speck, 6 Scheiben Bergkäse (oder Emmentaler), 6 Tomaten in Scheiben geschnitten, 2 hartgekochte Eier (Scheiben), etwas geriebenen Emmentaler.

Zubereitung:

Aus dem Teig 9 Pfannkuchen herstellen. Diese Flädle werden jetzt schichtweise mit den anderen Zutaten gefüllt, und zwar: Auf das erste Flädle die Hälfte vom Brät streichen, mit dem zweiten Flädle abdecken, darauf die Hälfte der Tomaten (mit wenig Majoran und Pfeffer aus der Mühle), das dritte Flädle mit der Hälfte des Käses belegen, mit dem vierten Flädle abdecken. Den ganzen Vorgang nochmals wiederholen. Die letzte Schicht mit Tomatenscheiben, Eierscheiben und geriebenem Emmentaler garnieren. Diese „Torte“ ca. 30 Min. bei 250 °C in den Ofen schieben, danach als Tortenstücke servieren. Dazu paßt Feldsalat.

Mit Arznei und Pillen
soll man nicht den Hunger stillen.

Gefüllte Flädle

Zutaten für den Flädleteig:

300 g Mehl, 4 Eier, 1/2 l Milch, Salz, Fett zum Backen.

Für die Füllung:

150 g Schweinehack, 150 g Rinderhack, 2 Eier, 1 Zwiebel (Würfel), Petersilie, Schnittlauch, 3 EL passierter Spinat, 2–3 EL Sahne, Salz, Pfeffer, Muskat, Fleischbrühe.

Zubereitung:

Pfannkuchenteig herstellen und Flädle ausbacken. Die Zutaten für die Füllung zu einer streichfähigen Hackmasse verarbeiten. Die Masse mit einem Eßlöffel auf die Flädle geben, diese zu einer Tasche zusammenfalten. Die gefüllten Flädle in eine gebutterte Pfanne legen, wenig Fleischbrühe dazugeben, danach zugedeckt in den vorgeheizten (200 °C) Ofen schieben und durchziehen lassen. Dazu paßt Kartoffelsalat mit Gurke und Endivien gemischt.

Iß wie ein Gesunder
und trink wie ein Kranker.

Röhrleskuchen (Schnattern)

Für den Teig:

250 g Mehl, 80 g Butterschmalz, ½ TL Backpulver, Salz und etwas Milch. Daraus einen Teig herstellen und 1 Std. ruhen lassen.

Für die Füllung:

5 Bund Zwiebelröhrle (Schnattern oder Lauchzwiebeln), 50 g Butter, 70 g Mehl, ¼ l Sauerrahm, 70 g Speckstreifen, 4 Eier, Salz, Kümmel, Pfeffer, 1 zerdrückte Knoblauchzehe.

Zubereitung:

Die Zwiebelröhrle in feine Ringe schneiden und in Butter mit dem Knoblauch leicht anschwitzen, danach wieder kaltstellen. Den Speck anrösten. Mehl und Rahm miteinander glattrühren, die Eier dazugeben und alle anderen Zutaten vermengen. Den Teig ausrollen, damit eine Kuchenform belegen, die fertige Masse auf den Teig geben. Bei 180–220 °C ca. 45 Min. im Ofen backen. Den Röhrleskuchen abkühlen lassen, danach schneiden und wieder heißstellen.

❀ ’s Maul hot vor de Auge gnue. ❀

Krautkuchen (10 Personen)

Zutaten für den Teig:

300 g Mehl, ½ TL Backpulver, Salz, 100 g Butterschmalz, 1 Ei, 3 EL Sauerrahm. Daraus einen glatten Teig herstellen und 1 Std. ruhen lassen.

Für die Füllung:

500 g Weißkraut, 100 g Zwiebellauch, 1 EL frischer, gehackter Dill, 100 g Speckstreifen, 2 dl Süßrahm, 2 dl Sauerrahm, 5 Eier, Salz, Kümmel.

Fertigstellen:

Das in feine Streifen geschnittene Kraut im Salzwasser einmal aufkochen lassen und auf ein Sieb zum Abtropfen geben. Die Sahne mit den Eiern glattrühren, danach alle anderen Zutaten beigeben und miteinander verrühren. Eine Backform mit dem Teig auslegen, die Füllung daraufgeben, evtl. mit feingeriebenem Emmentaler bestreuen, bei 180–200 °C 30–45 Min. backen (je nach Größe und Höhe der Form bzw. der Füllung). Dieser Krautkuchen paßt ausgezeichnet zu Bier.

❀ Em Hunger isch schleacht predige. ❀

Krautkrapfen

Zutaten:

Aus 300 g Mehl, 2 Eiern, 1 Pr. Salz, ca. 3 EL Wasser, 1 TL Öl einen Nudelteig herstellen und diesen ½ Std. zugedeckt ruhen lassen.

Für die Füllung:

1 kg Sauerkraut, 1 Zwiebel (Würfel), 100 g Speckwürfel, ca. 100 g Butter.

Zubereitung:

Speckwürfelchen in Butter anbraten, die Zwiebeln dazugeben und mit anschwitzen. Das Sauerkraut beigeben und ca. 5 Min. dünsten lassen, danach kaltstellen. Den Nudelteig dünn ausrollen, mit dem kalten Sauerkraut belegen, das Ganze wieder zusammenrollen (wie eine Biskuitroulade) und in ca. 5 cm dicke Stücke schneiden. Diese „Krapfen" in einem breiten Topf auf der Schnittfläche anbraten, mit etwas Fleischbrühe oder leicht gesalzenem Wasser angießen und zugedeckt ca. ½ Std. garen lassen. Krautkrapfen schmecken noch besser, wenn sie mit viel gebräunten Zwiebeln abgeschmolzen und mit Bergschnittlauch bestreut werden. Dazu paßt Apfelkompott.

❀ Die Apotheke ist die teuerste Küche. ❀

Holderflädle

Zutaten:

8 Holderblüten.

Für den Teig:

100 g Mehl, 1/8 l Milch, 3 – 4 Eier, 1 EL Zucker, 1 Pr. Salz.

Zubereitung:

Aus Mehl, Milch, Eiern, Salz und Zucker einen Flädleteig herstellen. Die Holderblüten mehrmals in kaltem Wasser waschen, danach abzupfen und diese unter den Teig rühren. Wie Flädle ausbacken, zusammenfalten, mit etwas Zucker bestreuen und heiß servieren. Dazu paßt Apfel- oder Birnenkompott.

Wickelknödel

Zutaten:

Knödelbrot von 6 Semmeln, 3 Eier, 1 EL gehackte Petersilie, 1 Zwiebel (Würfel), $^1/_8$ l Milch, 50 g Butter, Pfeffer, Salz, 1 TL Majoran, 100 g gekochter, geräucherter Speck (Würfel).

Zubereitung:

Speckwürfelchen anbraten, Zwiebeln und Petersilie mit anschwitzen und den Majoran dazugeben. Das Ganze erkalten lassen. Die Milch aufkochen und über das Knödelbrot schütten. Eier, Speckzwiebeln und Kräuter dazu, würzen, daraus eine Semmelknödelmasse bereiten. Ist die Masse zu naß, dann gibt man soviel Semmelbrösel dazu wie nötig. Eine Stoffserviette mit Butter bestreichen, auf dieser die Knödelmasse zu einer „Wurst" formen, die Serviette zusammenrollen. Das Ganze mit einem Bindfaden wie eine Wurst binden. In einem passenden Gefäß Salzwasser aufkochen, den Wickelknödel einlegen, 20 Min. kochen und 20 Min. ziehen lassen. Den Knödel aus der Serviette nehmen und in ca. 1 cm dicke Scheiben schneiden, mit flüssiger Butter bepinseln.

I tät gern zum Essen stehn,
wenn i zur Arbeit liegen könnt.

Holderküchle

Zutaten:

10 Holderblüten (mit kurzem Stiel)

Für den Teig:

200 g Mehl, 1/4 l Milch, 6 Eier, 1 Pr. Salz, daraus einen „dicklichen" Pfannkuchenteig herstellen.
200 g Zucker und 1 EL Zimtpulver miteinander vermengen.

Zubereitung:

Die Holunderblüten mehrmals ins kalte Wasser tauchen, bis sie richtig sauber sind. Die Blüten gut abtropfen lassen, durch den Teig ziehen und im heißen Fett schwimmend ausbacken (180 °C). Im Zimtzucker wenden und heiß servieren.

Auf dem Markt lernt man die Menschen
❀ besser kennen als in der Kirche ❀

Mit Bier

Raba au Roche

Auch wenn das Kochen mit Bier im Allgäu keine große Tradition hat, so gab es aber immerhin schon eine Biersuppe oder ein warm aufgeschlagenes Bier und die Apfelküchle im Bierteig gebacken. Bei den weiteren Rezepten mit Bier habe ich darauf geachtet, daß nur bodenständige Zutaten verwendet werden und diese Gerichte auch in diese Region passen.

Trinkt Bier, Brüder, sagte der Mönch,
daß euch der Teufel nicht müßig finde,
denn der Müßiggang ist aller Laster Anfang.

Allgäuer Kümmelfleisch

Zutaten:

1 kg Schweineschulter, 1 EL Öl, ½ Tasse Schwarzbrotbrösel, 1 dl Sauerrahm, 1 Zwiebel, 1 TL Kümmel, 0,2 l Bier, Salz.

Zubereitung:

Fleisch in ca. 4-cm-Würfel schneiden, in Öl anbraten, die gewürfelten Zwiebeln mitrösten, Salz und Kümmel beigeben, mit Bier aufgießen und die Brösel dazugeben. Im geschlossenen Topf bei mäßiger Hitze langsam schmoren lassen, evtl. etwas Bier oder Brühe nachgießen. Zum Schluß den Sauerrahm unterrühren.

Bierlikör

Zutaten:

2 l Starkbier, 1 kg brauner Kandiszucker, 1 Zimtstange, ½ l Rum (50–60%), 5 Gewürznelken.

Zubereitung:

Bier mit Zucker ca. 20 Min. leicht köcheln lassen, auf 30–40 °C abkühlen. Die Gewürze und den Rum beigeben, 1 Std. ziehen lassen, danach abseihen, in Flaschen füllen, fest verkorken. Nach 8 Wochen ist der Likör reif.
Hilft gegen Erkältung: Pfefferminztee mit 4 cl Bierlikör.

Kalbsleber mit Biersoße

Zutaten:

8 Scheiben Kalbsleber (insgesamt ca. 600 g), 1/4 l Altbier, 150 g Butter, 4 EL Öl, Salz, Pfeffer, 1 EL Zucker, 6 EL helle Rosinen.

Zubereitung:

Rosinen waschen und im Altbier über 3–4 Std. quellen lassen. Die Leber im Öl hellbraun braten, aus der Pfanne nehmen und warmstellen. In dieser Pfanne die eingeweichten Rosinen mit dem Bier und der Butter zu einer Soße einkochen lassen, mit Salz, Pfeffer und etwas Zitronensaft abschmecken. Dazu paßt ein Birnen-Kartoffelpüree.

Bierkaltschale

Zutaten:

60 g Zucker, 1/2 l helles Bier, 60 g Rosinen, 3 Eigelb, 1/2 l Milch, Saft einer Zitrone.

Zubereitung:

Eigelb und Zucker warm aufschlagen, bis die Masse „dick-cremig-schaumig“ ist, danach wieder kaltschlagen, Milch und Bier, den Zitronensaft und die Rosinen beigeben.

Zum Trinken schuf Gott das Bier
und nicht zum Saufen, das merke dir.

Allgäuer Bier-Käseschnitte

Zutaten:

60 g Bergkäse, 70 g Emmentaler, Bier, 4–6 Weißbrotscheiben, 4 Eigelb, 1 Pr. scharfes Paprikapulver.

Zubereitung:

Den Käse fein reiben, mit Eigelb, Paprika und etwas Bier zu einer dicklichen Masse verarbeiten. Diese Käsemasse fingerdick auf das Brot streichen und bei ca. 220 °C im Ofen backen, bis sie schön braun ist. Diese Schnittchen passen gut als Einlage in eine Fleischbrühe oder einfach zum Bier als Würzhappen.

Eierbier

Zutaten:

½ l Bier, ½ Stange Zimt, 3 Gewürznelken, 4 EL Milch, 1 Msp. Zimtpulver, 4 EL Zucker, 3–4 Eigelb, 2 cl Obstler.

Zubereitung:

Bier mit Zimtstange, Zucker und Nelken aufkochen. Eigelb mit der Milch anrühren und mit dem Schneebesen unter das heiße Bier schlagen, nochmals auf ca. 80–90 °C erwärmen, aber nicht kochen lassen. Mit Zimtpulver und Obstler abschmecken.

Das Bier bringt Träume von Engeln ein,
❀ beim Wein fallen einem nur die Schulden ein. ❀

Bier-Kümmelflädle

Zutaten:

500 g Mehl, 1 l Malzbier, 1 Pr. Salz, 5 EL zerlassene Butter, 6 Eier, 1 TL gestoßenen Kümmel, Butterschmalz zum Backen.

Zubereitung:

Aus den Zutaten einen glatten Teig herstellen und 1–2 Std. ruhen lassen, danach Flädle ausbacken. Dazu gibt's grünen Salat.

Käsküchle im Bierteig

Zutaten:

8 Scheiben Emmentaler (1 cm dick, ca. 6×6 cm), etwas Mehl, Fett zum Ausbacken.

Für den Teig:

1/8 l Bier, 120 g Mehl, 2 Eigelb, 2 Eiweiß, 2 TL Öl, 1 Pr. Muskat, Salz.

Zubereitung:

Alle Zutaten, außer dem Eiweiß, zu einem glatten Teig verarbeiten, Eiweiß zu Schnee schlagen und unterheben. Den Käse in Mehl wenden, durch den Teig ziehen, bei 170 °C im Fett schwimmend hellbraun backen. Dazu gibt's grünen Salat.

Bier-Käsesuppe

Zutaten:

250 g rahmigen Schmelzkäse, 1/8 l Pils, 1 EL Mehl, 1/2 zerdrückte Knoblauchzehe, 1/2 l Fleischbrühe, 1 EL Öl, 1 gewürfelte Zwiebel, Salz, Pfeffer, Butterschmalz.

Zubereitung:

Zwiebel und Knoblauch anschwitzen, das Mehl dazugeben und ca. 5 Min. mitschwitzen lassen. Mit der Brühe und dem Bier auffüllen, glattrühren, 5 Min. köcheln lassen, den Käse beigeben. Ist der Käse geschmolzen, dann die Suppe mit Salz, Pfeffer und Muskat abschmecken. Mit gerösteten Schwarzbrotwürfeln und Petersilie bestreuen.

"D'Menge mueß's mache" hot der Wiert gsait,
wie er bei jedem Bier an
Pfenning draufzahlt hat.

Allgäuer Käsespieß

Zutaten:

Bergkäse, Emmentaler, Limburger, Bauernbrot. Backteig aus 1/8 l Bier, 2 Eigelb, 2 Eiweiß (Schnee), 2 TL Öl, Muskat, 1 Pr. Salz.

Zubereitung:

Käse und Brot in Würfel schneiden (ca. 2 cm), abwechselnd auf einen Metallspieß stecken, in Mehl wenden, durch den Bierteig ziehen und im heißen Fett (170 °C) ausbacken. Dazu paßt Feldsalat.

„Du kannst weglaufen", hat der Allgäuer
zu seinem Backsteinkäs gesagt,
„aber zur Brotzeit bist wieder da."

Ebbas Sieß

Nachtisch und Kuchen

Allgäuer Süßspeisen, die als Nachtisch geeignet sind, gibt es außergewöhnlich viele. Der Nachtisch hat als solcher keine große Tradition im Allgäu, da diese Köstlichkeiten meist als Hauptspeise oder an bestimmten Feiertagen zum Kaffee gegessen wurden. Auf jeden Fall bieten diese süßen Sachen dem Koch viele „Dessertmöglichkeiten“ für ein Allgäuer Menü, aber auch als selbständige Gerichte sind sie sehr gut geeignet.

Pfitzauf – Nonnenfürzle – Apfelküchle – Dampfnudeln – Grießauflauf oder Sträuble können wunderbar mit heimischen Früchten kombiniert werden, denn die Auswahl ist groß: schwarze und rote Johannisbeeren – Heidelbeeren – Brombeeren – Waldhimbeeren – Walderdbeeren – Preiselbeeren – Holderbeeren – Birnen – Äpfel – Kirschen – Rhabarber u. v. a. m. Auch süße Soßen stehen zum Kombinieren genügend zur Auswahl: Zimt-, Vanille-, Most- und warme gezuckerte Biersoße, aber auch die Chaudeausoße (Eier, Zucker, Weißwein warm aufgeschlagen) hat Allgäuer Tradition.

Der Kuchen als „Kuchen“ hat keine große Allgäuer Vergangenheit. Erst ab dem 20. Jahrhundert, dem Beginn der „Allgäuer Neuzeit“, gibt es des öfteren den Johannisbeerkuchen, Apfelkuchen, Rhabarberkuchen, Käsekuchen. Im Allgäu wurden eher Gugelhupf – Hefezopf – Kirschenmichel und so ähnliche Gebäcke zum Kaffee gegessen. Dies geht schon daraus hervor, daß im Allgäu der Zopf oder Hefegugelhupf gerne in den Kaffee eingetaucht wurde. Auch Pfosen, Rohrnudeln und allerlei andere Kiechle aß man als „Kuchen“ zum Malzkaffee.

Allgäuer Apfelküchle mit Mostschaum

Zutaten:

½ kg säuerliche Äpfel, ½ Zitrone (Schale und Saft), 40 g Zucker, 50 g Rosinen, 2 EL Rum.

Für den Teig:

350 g Mehl, 2 dl Milch, 10 g Hefe, 3 Eier, 20 g Zucker, 1 Pr. Salz, je 1 EL gehackte Walnüsse und Haselnüsse, 50 g geschlagenen Süßrahm.

Zubereitung:

Äpfel schälen, Kernhaus entfernen, in kleine Scheibchen schneiden, mit Zitronensaft und Zitronenschale sowie dem Zucker vermengen. Die Rosinen in Rum einweichen.
Die Milch erwärmen (lauwarm) und darin die Hefe auflösen. Aus Mehl, Milch, Eiern, Zucker und der Hefe einen Teig rühren, Äpfel, feingehackte Nüsse und Rosinen mit dem Rum unterheben. Den Teig ca. 1 Std. an einem warmen Ort zugedeckt stehenlassen. Jetzt die geschlagene Sahne unterheben. Mit einem Eßlöffel die „Küchle" formen und im Schmalz bei 160 °C hellbraun backen. Diese besonderen Apfelküchle mit Zimtzucker bestreuen. Mit Mostschaum (wie Chaudeausoße, aber anstatt Wein nimmt man Most) servieren.

Wem der Honig schmeckt,
der sollte mit den Bienen nicht schimpfen.

Chaudeausoße

Zutaten:

1/4 l Wein (halbtrocken), 4 Eigelb, 1 cl Weinbrand, 2 EL Zucker, 1 Pr. Salz.

Zubereitung:

Alle Zutaten mit einem Schneebesen im Wasserbad aufschlagen, bis die Masse „dick-cremig-schaumig“ ist. Auf diese Art kann auch Bierschaum oder Mostschaum hergestellt werden, anstatt dem Wein eben Bier (Altbier) oder Most verwenden.

Nonnenfürzle

Zutaten:

Aus 0,4 l Milch, 100 g Butter, 200 g Mehl, 5 Eiern, 1 Pr. Salz und 1 Pr. Zucker einen Brandteig, wie bei „Brandteigstrauben" schon beschrieben, herstellen.

Zubereitung:

Mit einem Eßlöffel kleine Brandteigknödel formen und diese im Fett schwimmend bei 160 °C backen. Die Nonnenfürzle mit Zimtzucker bestreuen, solange sie noch heiß sind. Dazu paßt Vanillesoße und evtl. leicht gebundene Johannisbeeren, wenn diese Süßspeise als Nachtisch serviert wird.
Ein Tip zu „Fettgebackenem": Geben Sie auf den Fetttopf (Friteuse) während des Backens einen Deckel, durch den entstehenden Hitzestau geht das Gebäck besser auf.

Essen sehen, macht nicht satt,
❀ Bier sehen, löscht nicht den Durst. ❀

Vanillesoße

Zutaten:

¼ l Milch, 3 Eier, 100 g Zucker, 1 Vanilleschote.

Zubereitung:

Die Vanilleschote der Länge nach halbieren und mit der Milch aufkochen. Die Schote auskratzen und das Mark wieder in die Milch geben. Die Eier mit dem Zucker schaumig schlagen und mit der heißen Milch vermengen (schnell und ständig rühren). Diese Masse im heißen Wasserbad so lange rühren, bis sie „anzieht", d.h. bis sie dicklich-cremig wird, wobei das Ganze aber nicht kochen darf (Eiweiß gerinnt, flockt aus).
Gibt man dieser Vanillesoße etwas Zimtpulver bei, dann hat man eine Zimtsoße. Auch mit Rum abgeschmeckt paßt diese Soße sehr gut zu den verschiedensten Nachspeisen.

Große Gasthöfe, dünne Brühen,
große Brauereien, dünnes Bier.

Wefzgeneschter (Wespennester)

Zutaten:

100 g Mehl, 4–5 EL Milch, 2 Eier, 1 Pr. Salz, 2 EL Zukker, Honig zum Füllen, Fett zum Backen.

Zubereitung:

Aus Mehl, Milch, Eigelb, Salz und Zucker einen dicklichen Teig herstellen. Das Eiweiß zu Schnee schlagen und unter den Teig ziehen. Nun wird ein Kochlöffelstiel (Holzlöffel) erst in das heiße Fett (ca. 170 °C), danach ca. 2 cm tief in den Teig getaucht und so im Fett gebacken, danach wieder in den Teig eintauchen und backen. Das Ganze wiederholt man 4–5mal. Die so entstandenen Wespennester werden vom Holzstiel gezogen und mit Honig gefüllt und mit Puderzucker bestreut.
Dazu paßt auch eine Chaudeausoße und leicht abgebundene Johannisbeeren, aber auch Himbeeren.

Glühwein

Zutaten:

Rotwein, Zucker, Gewürznelken, Zimtstange, Zitronenschale, Orangenschale miteinander erhitzen (nicht kochen) und ziehen lassen. Den Glühwein durch ein feines Sieb abseihen und ein paar Rosinen sowie geröstete Mandeln hineingeben.

Brandteigstrauben mit Glühwein

Zutaten für den Brandteig:

0,4 l Milch, 100 g Butter, 200 g Mehl, 5 Eier, 1 Pr. Zucker, 1 Pr. Salz, evtl. 1 Msp. Backpulver.

Zubereitung:

Die Milch mit Butter, Salz und Zucker aufkochen. Das Mehl im „Sturz“, d. h. alles auf einmal, dazuschütten, sofort mit einem Holzlöffel („Kochlöffel“) ständig und schnell rühren, bis sich der Teig vom Topf löst und schön glatt ist. Diesen Teig in eine Schüssel geben, etwas abkühlen lassen. Die Eier werden einzeln (nach und nach) untergerührt. Das Backpulver gibt man zum Schluß dazu.
Festes Backpapier in Vierecke (10 × 10 cm) schneiden und mit wenig Öl bepinseln. Mit einem Spritzbeutel (Sterntülle) Ringe mit einem Durchmesser von ca. 8 cm auf das Papier spritzen. Diese Strauben im Fett bei 160 °C backen (mit dem Papier nach oben ins Fett geben, dann löst sich der Ring). Die Brandteigringe mit Zimtzucker bestreuen. Im tiefen Teller mit Glühwein servieren.

Laß mich meine Küchle in deinem
Schmalz backen,
dann darfst deinen Speck in meinem
Kraut sieden.

Gefüllte Flädle mit Honigglasur

Zutaten:

250 g Mehl, ½ l Milch, 5–6 Eier, 1 Pr. Salz, 1 Pr. Zucker. Daraus einen Pfannkuchenteig herstellen. Zum Füllen 5 EL Aprikosenmarmelade mit 1 EL Rum verrühren. Honig zum Bestreichen der Flädle.

Zubereitung:

Aus dem Teig dünne Fladen backen. Diese Pfannkuchen mit der Marmelade bestreichen, wieder zusammenrollen, nochmals in den vorgeheizten Ofen schieben. Vor dem Servieren mit heißem Honig überpinseln. Dazu passen alle süßen Soßen wie: Vanille-, Zimt- oder Chaudeausoße, aber auch frische Waldbeeren.

Ufzogne Flädle

Flädle, wie bei „Gefüllte Flädle" beschrieben, herstellen. Diese mit glattgerührter Aprikosenmarmelade füllen und zusammenrollen, danach in eine gebutterte Form legen. Aus 3–4 Eiern, 1 EL Zucker, 2 EL Rosinen und ⅛ l Milch eine „Royal" (Eiermilch) herstellen. Diese verrührte Eiermilch gießt man über die Flädle und backt das Ganze bei 220 °C ca. 25 Min. im Ofen. Auch dazu paßt eine leichte Vanille-Rumsoße.

Adam hat das Obst gegessen,
und wir haben das Fieber davon.

Mostküchle

Zutaten:

4 altbackene Semmel, gesüßter Flädleteig, 1/2 l Most, Zukker, Zimtstange, Zitronenschale, Orangenschale, Gewürznelken. Fett zum Backen.

Zubereiten:

Die Semmel in ca. 1 cm dicke Scheiben schneiden, durch den Flädleteig ziehen und im Fett bei 170 °C backen.
Most, Zucker, Zitronen- und Orangenschale, Zimtstange sowie Gewürznelken miteinander erhitzen. Den Glühmost 1/4 Std. ziehen lassen, danach durch ein feines Sieb passieren. Die heißen Küchle in einem tiefen Teller anrichten, mit Zimtzucker bestreuen und mit dem heißen Glühmost übergießen.
Das Ganze kann auch mit heißem, gesüßtem Altbier gemacht werden.

Küchle, Schlaf und Philosophie
bilden des Lebens Harmonie

Lebkuchenküchle

Zutaten:

Lebkuchen, gesüßter dicker Flädleteig, Zimtzucker.

Zubereitung:

Die Lebkuchen werden in kleine Stücke geschnitten, durch den gesüßten Teig gezogen und im Fett bei 170 °C gebacken. Mit Zimtzucker bestreuen. Als Nachtisch mit einer leichten Vanille-Rumsoße (ist im Buch beschrieben) servieren.

Oblatenküchle

Zutaten:

Oblaten mit der Größe 6 × 10 cm, mit Rum verrührte Aprikosenmarmelade, dicklicher Pfannkuchenteig.

Zubereitung:

Zwischen 2 Oblaten Aprikosenmarmelade streichen. Die so gefüllten Oblaten mit dem Rand in den Pfannkuchenteig eintauchen und im Schmalz bei 170 °C backen.
Die Oblatenküchle gehören zur Gruppe der Funkenküchle, weil sie hauptsächlich am Funkensonntag gebacken werden. Als Nachtisch passen zu diesen Küchle eine Zimt-Chaudeausoße und heimische Beerenfrüchte.

Apfelküchle im Bierteig

Zutaten:

130 g Mehl, 1/8 l Bier, 2 Eigelb, 2 Eiweiß, 100 g Zucker, 1 Pr. Salz, 1 TL Öl, 4 Äpfel, 1 EL Rum, Saft von 1 Zitrone, Zimtzucker.

Zubereitung:

Aus Mehl, Bier, Eigelb, der Hälfte Zucker, Salz und Öl einen dickflüssigen Teig herstellen. Das Eiweiß zu Schnee schlagen und unter den Teig heben. Die Äpfel schälen, das Kerngehäuse entfernen, in 1 cm dicke Scheiben schneiden, mit Zucker, Zitronensaft und Rum marinieren. Diese Apfelscheiben in Mehl wenden, danach durch den Teig ziehen und bei 170 °C im Fett bakken. Mit Zimtzucker bestreuen. Dazu paßt Vanille- oder Zimtsoße.
PS – Auch Rhabarber (vorher kurz kochen) oder Birnen lassen sich so zu „Küchle“ machen.

Adam im Paradies
hat mit sing Freaßluscht verreicht,
daß ieß dös Übl huit no gluschded.

Nackete Schupfnudeln

Erdäpfelschupfnudeln (im Kapitel „Erdäpfl“ schon beschrieben) herstellen. Diese Schupfnudeln in Butter schwenken und ein wenig dämpfen lassen. Im tiefen Teller anrichten und über die „nackigen“ Nudeln etwas Zimtzucker streuen. Mit wenig brauner Butter abschmelzen. Dazu paßt Apfelmus.

G'schwänzte Küchle (Salverküchle)

Zutaten:

Frische Salbeiblätter mit Stiel. Aus 200 g Mehl, 1 dl Milch, 1/2 TL Backpulver, 2 Eier, 1 Pr. Salz, 30 g Zucker einen dicklichen Teig herstellen. Fett zum Backen.

Zubereitung:

Die Salbeiblätter in den Teig tauchen und im heißen Schmalz (170 °C) backen. Die Salbeiküchle mit Puderzucker bestäuben und mit Pflaumenmus oder Zwetschgenröster servieren. Diese g'schwänzten Küchle sind auch als „bachene Mäus“ bekannt.

❀ Gut Bier ist Speise, Trank und Kleid. ❀

Grießschnitten

Zutaten:

100 g Grieß, ½ l Milch, 50 g Butter, 1 Pr. Salz, 30 g Zukker, 3 Eigelb, geriebene Zitronenschale, Zimtzucker.

Zubereitung:

Die Milch mit Butter, Zucker und Salz aufkochen, den Grieß dazugeben, am Ofenrand leicht köcheln lassen. Dieser Grießbrei soll ca. 15 Min. quellen, danach vom Ofen wegnehmen und die Eigelb darunterrühren. Die Grießmasse auf ein gefettetes Blech ca. 2 cm hoch verteilen. Ist die Grießmasse kalt, dann schneidet man Rechtecke (5×7 cm) aus und brät diese beidseitig im Butterschmalz hellbraun. Mit Zimtzucker bestreuen. Dazu paßt Kompott (Äpfel, Birnen), aber auch heiße Himbeeren.

Apfelkrapfen

Zutaten:

Aus 400 g Mehl, 2 Eiern, 1 Pr. Salz, 1 EL Öl und ca. 4 EL Wasser einen Nudelteig herstellen.

Für die Einlage:

$1^1/_2$ kg säuerliche Äpfel, 150 g Rosinen, 1 TL Zimtpulver, 100 g Zucker, 2 EL Rum, Saft von 1 Zitrone, 50 g Butterschmalz, geröstete Semmelbrösel, 4 EL Süßrahm.

Zubereitung:

Die Äpfel schälen, vierteln, entkernen, in feine Scheibchen schneiden, mit Zitronensaft, Zucker, Rum, Zimt und Rosinen vermengen. Den Nudelteig dünn ausrollen, mit gerösteten Semmelbröseln bestreuen, die Äpfel darauf verteilen. Das Ganze wie eine Biskuitroulade zusammenrollen, in 5 cm dicke Scheiben schneiden. Diese „Krapfen" im Butterschmalz (breite Pfanne) beidseitig anbraten, etwas Süßrahm oder Milch angießen und ca. 20 Min. garziehen lassen (mit Deckel). Dazu paßt eine leichte Zimt-Vanillesoße.

Versoffene Jungfern

Zutaten:

100 g Mehl, 100 g Zucker, 2 Eier, 2 EL heißes Wasser, 1 TL Backpulver, 1 TL Vanillezucker, wenig geriebene Zitronenschale, 1 Pr. Salz, Fett zum Backen.

Zubereitung:

Die Eier mit dem Zucker schaumig schlagen, danach Mehl, Wasser und die anderen Zutaten beigeben. Das Ganze zu einem glatten Teig rühren. Mit einem Eßlöffel kleine Nockerl formen, bei 160 °C im Schmalz backen. Diese Jungfern im Suppenteller anrichten und mit heißem, gezuckertem Most (oder Glühmost) übergießen. Anstatt Most paßt auch gesüßtes heißes Bier.

„Hundert Häuser – hundert Kuechle",
hot der Kierbebeattler denkt,
isch aber scho im erschte nausgworfe wore.
„I wär sowieso grad gange",
hot er nochat gsait.

Kirschmichel

Zutaten:

6 altbackene Semmel, in Scheiben geschnitten, oder 12 Zopfbrotscheiben, ½ kg entsteinte Kirschen, Zimtzukker, Butter, Biskuit- oder Semmelbrösel.

Für die Eiermilch (Royalmasse):

1 l Milch, 8–10 Eier, 150 g Zucker, feingeriebene Orangen- und Zitronenschale.

Zubereitung:

Eine Tortenform oder eine feuerfeste Porzellanform mit flüssiger Butter bestreichen und mit Biskuitbröseln bestreuen. Nun das Brot und die entsteinten Kirschen lagenweise einfüllen. Über die Kirschen immer etwas Zimtzucker streuen. Die letzte Schicht sind Semmelscheiben. Milch, Eier, Zucker, Zitronen- und Orangenschale zu einer Royal verrühren. Diese Eiermilch über den Kirschenmichel gießen, Butterflocken und etwas Zimtzucker daraufgeben. Bei 200 °C ca. 45 Min. im Ofen backen. Dazu paßt eine Chaudeausoße, welche in diesem Buch schon beschrieben ist.
Auf dieselbe Art kann auch ein Apfel- oder Birnenmichel hergestellt werden.

Großmutters Gugelhupf

Zutaten:

½ kg Mehl, 30 g Hefe, ¼ l Milch, 4 EL Zucker, 200 g Butter, 4 Eier, 1 Pr. Salz, 30 g Mandelblättchen, 80 g Rosinen, etwas geriebene Zitronenschale, Butter für die Form.

Zubereitung:

Aus lauwarmer Milch, Hefe, Mehl, Eiern, Butter, Zukker, 1 Pr. Salz, Zitronenschale und Rosinen einen einfachen, aber glatten Hefeteig machen. Diesen an einen warmen Ort stellen und „gehen" lassen. Den Teig wieder zusammenrühren. Die Gugelhupfform sorgfältig ausbuttern, mit Mandeln bestreuen, den Teig einfüllen und wieder „gehen" lassen, bis er den Rand der Form erreicht hat. Bei 200 °C ca. 45 Min. im Ofen backen, aus dem Ofen nehmen, etwas ruhen lassen, danach stürzen und mit Puderzucker bestreuen.
Wenn Sie unter die Hälfte des Teiges Kakaopulver unterarbeiten und abwechselnd „weißen" Teig, braunen Teig usw. in die Form einfüllen, dann erhalten Sie „Omas Marmorgugelhupf". Dazu gibt's Kaffee.

☆

Die **Allgäuer Süßspeisenliste** ist so vielfältig, daß auch darüber ein eigenes Büchlein geschrieben werden könnte. Deshalb an dieser Stelle noch eine Aufzählung:
Pfannzelte – Pfosen (gezogene Küchle) – Arme Ritter – Grießauflauf – Zwetschgenkrapfen – Birnenkrapfen – Hefezopf (Seelenzopf) – Ofennudeln (Rohrnudeln) – Dampfnudeln – Apfelstrudel – Rahmstrudel – Kirschenknödel – Holdermus – Rohrmus mit Äpfeln usw.

Allgäuer Easse
für Wirt und Köch
Das Allgäuer Menü

Bei der Zusammenstellung eines klassischen Menüs sind schon sehr viele Kriterien zu beachten. Will man aber eine größere Allgäuer Speisenfolge, das heißt ein Menü aus dieser Region anbieten, dann erwarten uns noch mehr Schwierigkeiten als beim herkömmlichen Menü. Die traditionelle Allgäuküche verfügt über viele Gerichte, welche in irgendeiner Form mit Teig – dikken Soßen oder dicken Suppen – zu tun haben. Diesen „Fehler" der Allgäuer Küche gilt es auszumerzen; bei der Zusammenstellung eines Allgäuer Menüs ist deshalb besondere Sorgfalt anzuwenden. Werden die allgemeinen Menüregeln nicht beachtet, dann kommt es natürlich vor, daß die Gäste übersättigt werden und am Ende sagen: „Es war gut, aber mir ist schlecht."
Damit solche Aussagen nicht vorkommen – sie schaden ja der regionalen Küche und zerstören unsere Arbeit –, sollten wir bei der Zusammenstellung nachstehende Punkte gewissenhaft beachten.

☆ ☆ ☆

Ein Menü müßte so aufgebaut werden (Menügerüst):

1. Kalte Vorspeise
2. Suppe
3. Warme Vorspeise bzw. Fischgericht
4. Hauptgang
5. Süßspeise
6. Käse
7. Mokka – Kaffee – Feingebäck

- Ein leichter würziger Käse darf auch direkt nach dem Hauptgang, also vor der Süßspeise serviert werden.
- In der Regel soll ein Allgäuer Menü nicht mehr als 6–7 Gänge haben.

☆ ☆ ☆

Bei der Menüzusammenstellung sollten folgende Regeln eingehalten werden:

- Je umfangreicher das Menü, um so kleiner die Portionen der einzelnen Gänge, damit Übersättigung vermieden wird.
- Die Grundsätze einer richtigen, zeitgemäßen Ernährung beachten; genügend Nähr- und Reglerstoffe im richtigen Verhältnis – leichte, energiearme und leicht verdauliche Kost – Vitaminbedarf durch ausreichend Gemüse und Salate.
- Organisatorische Möglichkeiten nicht außer acht lassen! Bedenken Sie die betrieblichen Möglichkeiten und die Anzahl sowie die Fähigkeit des Personals. Der beste Menügedanke ist umsonst, wenn die Mitarbeiter fachlich überfordert werden.

- Ein einfaches, aber sehr gutes Menü ist sicherlich besser als tolle Versprechungen – mittels Speisekarte –, die nicht eingehalten werden können. Gastronomische „Angebereien“ verärgern den Gast, ja man gibt sich sogar der Lächerlichkeit preis.

- Die Jahreszeit beachten
  Frische Ware anbieten. Zu bestimmten Zeiten schmecken Gemüse, Obst, Fleisch und Fisch am besten und sind außerdem noch preisgünstiger zu bekommen.

- Abwechslung in der Nahrungsmittelauswahl wie auch deren Zubereitungsart in das Menü einbringen! Keine Wiederholung der Grundstoffe (falsch ist: Flädlesuppe am Anfang und als Nachtisch Äpfelkratzet usw.).

- Die Zubereitungsarten nicht wiederholen! Die Garverfahren wie Braten – Kochen – Pochieren – im Ofen backen – im Fett gebacken – Überbacken, dürfen im Menü jeweils nur einmal vorkommen.

- Das Farbenspiel berücksichtigen, denn: „Das Auge ißt mit.“ Falsch ist: Käsesuppe und danach Kalbsfrikassee, das wäre zweimal weiß und außerdem gebundene Suppe und Soße.

Ein Allgäuer Menü, wie man es anbieten könnte (zeitgemäß und **noch** traditionell):

Löwenzahnsalat mit Linsen
und Speckwürfelchen

☆ ☆ ☆

Falsche Fleischbrühe mit Brätspätzle

☆ ☆ ☆

Blaufelchen in Kresserahm
mit feinen Gemüsenudeln

☆ ☆ ☆

Surbraten in Biersoße
mit Seller-Bodebire

☆ ☆ ☆

Füssener Handkäs mit Pfeffer

☆ ☆ ☆

Gschwänzte Küchle,
dazu Zwetschgenröster

Dieses Menü ist ein Positivbeispiel, und ich bin überzeugt davon, daß uns die Allgäuer Küche genügend Einzelgerichte bietet, die solche Zusammenstellungen ermöglichen.

Der Massentourismus erschütterte das Allgäu, aber Pater Ägidius Kolb beruhigte es wieder, denn er brachte diesem Land die heimische Küche zurück.

Hier ein Allgäuer Menü, wie es **nicht** sein darf:

Gedünstetes Felchen
auf Kressesoße
feine hausgemachte Nudeln

☆ ☆ ☆

Brätstrudelsuppe

☆ ☆ ☆

Eingemachtes Kalbfleisch
mit Kohlrabiflan
und Mehlkratzet

☆ ☆ ☆

Ufzogne Flädle.

Gravierende Fehler in diesem Menü sind:

- Weißes Fleisch – weißer Fisch – weiße Soßen; was soll außerdem die Bezeichnung Flan in einem Allgäuer Menü?
- Felchen und Fleisch gedünstet und gekocht (ähnliche Garmethoden),
- dreimal Pfannkuchenteig (bei Suppe, Mehlkratzet und Dessert);
- farblich schlechte Zusammenstellung (alles hell).

INRI
Vergält's Gott
sage isch kui Sind

Alles ist in unserer Zeit so selbstverständlich geworden. Wer denkt schon daran, dem Herrgott für das Essen zu danken? Viele werden sagen: „Ist doch selbstverständlich, wir haben ja auch dafür gearbeitet." Nun, so klar ist diese Sache auch wieder nicht, denn andere Menschen und Völker arbeiten auch und haben nichts oder kaum etwas zum Essen. Für sie beginnt jeden Tag von neuem der Kampf ums tägliche Brot bzw. um ihre Schale Reis. Eine Rückbesinnung zum alten „Vergelt's Gott" und zu einem Dankeschön in Form eines kleinen Tischgebetes täte uns allen sehr wohl.

Mit dem Beten allein ist es natürlich nicht getan, damit sind wir unsere „Schuld" noch nicht los. Der sorglose, verschwenderische, manchmal sogar schändliche Umgang mit Lebensmitteln ist wohl oder übel eine der großen Sünden unserer Zeit. Was dies alles mit der Gastronomie zu tun hat? Die Antwort kann nur sein: „Sehr viel sogar!" Köche, Gastwirte und Gäste sollten sich wieder mehr Achtung vor den Lebensmitteln (unser täglich Brot) auferlegen. In der Praxis sollte der Koch mit Nahrungsmitteln sparsamer und wirtschaftlicher umgehen. Dies sollte nicht nur „zum Wohlergehen" des Gastwirtes geschehen, sondern Hauptmotiv muß der Respekt vor Lebensmitteln sein.

Auch unsere Gäste sind davon nicht ausgenommen, oder ist es notwendig, beim kalten Büfett die Teller so zu überladen, daß die Hälfte wieder im Mülleimer landet? Nur damit man für „sein" Geld ja genug bekommt? Über dieses Thema gäbe es noch viel zu sagen oder zu schreiben, aber denken Sie selbst wieder einmal darüber nach.

Eine diesbezüglich fruchtbare Idee wäre es doch auch, einmal ein kleines Tischgebet auf die Speisekarte zu schreiben. So mancher Gast würde sicherlich, wenn auch nur leise, auf diese Art und Weise wieder zur „Besinnung“ kommen und „Dankschön“ sage.

Ein Allgäuer Tischgebet

Eisar Hearr im Himl doba.
Mir sind do und wend Di lobe.
Labescht eis mit Speis und Tronk.
Drum saget mir Dir Lob und Donk.
Amen.

☆

Herr, du tragst Sorge für uns,
hast uns Brot und Wein geschenkt
als Nahrung für das tägliche Leben.

☆☆☆☆☆

Herr, segne diese Speis
und alles, was du uns bescherest.

☆☆☆

Inhaltsverzeichnis

Die klugen Allgäuer, glaubt es mir,
essen gut und trinken Bier.